非洲译丛

"十二五"国家重点出版物出版规划项目

摩洛哥的风俗与文化

[西班牙] 拉斐尔·史杰克 著

胡文佳 译

民主与建设出版社

·北京·

图书在版编目（CIP）数据

摩洛哥的风俗与文化 /（西）拉斐尔·史杰克著；
胡文佳译．—北京：民主与建设出版社，2018.12
书名原文：Culture and Customs of Morocco
ISBN 978-7-5139-2381-1

Ⅰ.①摩…　Ⅱ.①拉…　②胡…　Ⅲ.①摩洛哥—概况
Ⅳ.①K941.6

中国版本图书馆 CIP 数据核字（2018）第 276532 号

版权登记号：01-2018-9040

摩洛哥的风俗与文化
MOLUOGE DE FENGSU YU WENHUA

出 版 人	李声笑
著　　者	（西班牙）拉斐尔·史杰克
责任编辑	程　旭
封面设计	逸品书装
出版发行	民主与建设出版社有限责任公司
电　　话	（010）59417747　59419778
社　　址	北京市海淀区西三环中路 10 号望海楼 E 座 7 层
邮　　编	100142
印　　刷	北京文昌阁彩色印刷有限责任公司
版　　次	2018 年 12 月第 1 版
印　　次	2018 年 12 月第 1 次印刷
开　　本	880 毫米 ×1230 毫米　1/32
印　　张	7
字　　数	145 千字
书　　号	ISBN 978-7-5139-2381-1
定　　价	42.00 元

注：如有印、装质量问题，请与出版社联系。

出版说明

中国与非洲相距遥远，但自古以来，两地人民就有了从间接到直接、从稀疏到紧密的联系，这种联系增进了两地人民的沟通与了解，为两地的发展不断发挥着作用。特别是20世纪中叶以来，因为共同的命运，中国和非洲都走上了反殖民主义革命与争取民族独立的道路，中非之间相互同情、相互支持，结下了深厚的友谊。迈入新世纪以来，随着我国经济的发展，中非经贸关系日益深入，及时了解非洲的政治、经济、法律、文化的情况当然也就具有十分重要的现实意义。

有感于此，我社组织翻译出版这套《非洲译丛》，所收书目比较全面地反映了非洲大陆的政经概貌以及过去我们很少涉及的一些重要国家的情况，涵盖多个语种，具有较强的系统性和学术性，意在填补我国对非洲研究的空白，对于相关学术单位和社会各界了解非洲，开展对非洲的研究与合作有所帮助。

译丛由北京大学、中央财经大学、浙江师范大学、湘潭大学等国内非洲研究的重镇以及国家开发银行、中非基金等单位组织，由非洲研究专家学者遴选近期国外有关非洲的政治、经济、法律等方面有较大影响、学术水准较高的论著，汇为一编，涵盖政治、经济、法律等七个方面的内容，共约100种图书。

对于出版大型丛书，我社经验颇乏，工作中肯定存在着一些不足，期待社会各界鼎力支持，共襄盛举，以期为中非合作做出贡献。

民主与建设出版社

2014年8月

目录

前 言

摩洛哥是个地处战略要地的北非国家。从历史上看，它是一个囊括了非洲文化、欧洲文化、中东文化和亚洲文化等不同文明的大熔炉。这就解释了摩洛哥为什么具有丰富而复杂的传统习惯和风俗。本书探索了摩洛哥的生活方式，特别是探究了该国及其人民、社会和社会组织的独特性以及新生代摩洛哥人如何逐渐从老一辈恪守宗教仪式的生活方式转向新的生活。尽管现实中泛伊斯兰的认同感十分盛行，但柏柏尔土著传统和习俗的某些要素已被证明仍有活力。早在 20 世纪欧洲帝国主义的铁蹄抵达非洲之前，北非的柏柏尔土著居民就已与不同王国权贵及来客有过接触，他们交换了货物、古董、礼物，也进行了宗教交流、政治制度交流和思想交流，对象不乏腓尼基人、罗马人、汪达尔人、阿拉伯人等。法国殖民者带来了西式官僚主义、教育、技术、现金经济，也带来了新兴城市、基础设施和现代设备，这些都不同程度塑造了现代摩洛哥的社会组织和人们的生活方式。这本书将为您呈现一种历史背景下的社会变迁感。它向读者描绘了一个由阿拉伯、欧洲和非洲文化传统融合了本土实践的社会经济大熔炉的形成过程，这种融合造就了今天人们所称的摩洛哥的时尚观念、价值取向、规则规范和行为礼仪。

致　谢

俗话说，没有人可以仅靠自己就写完一本书。这句话特别适合我写这本书的情况。首先，我的编辑温迪·施诺弗（Wendi Schnaufer）女士的专业知识让我受益匪浅。她的耐心和宝贵建议对于提高本书的整体质量和体例及内容的协调性大有助益，展现了其丰富的经验。

我特别感谢托因·法罗拉（Toyin Falola）教授。正是他邀请我写这本书，且在项目最初阶段与我进行了交流，并鼓励我创作一部好作品。他与我保持密切沟通，也对该项目慷慨解囊，这都提醒我应该持续推进这个项目。

由于正常的教学和其他学术活动严重分散了我的注意力，我在很大程度上受益于我的研究助理和在摩洛哥、比利时和美国的其他同事的帮助。纳塞尔·亚哈维（Nasr Yahyaoui）、哈比布·埃斯拜（Habib Essbai）、阿卜杜纳西·埃斯拜（Abdenasser Essbai）、莱坎（Lekan）和阿比姆博拉·巴德鲁（Abimbola Badru）、伊丽莎白·史密斯（Elizabeth Smith）、梅琳达·妮可·丹尼尔（Melinda Nicole Daniel）、丹尼斯·马丁（Denise Martin）和苏珊·迪克曼（Susanne Dickmann）阅读了多份手稿，并进行了大量补充。此外，我的同事、朋友和教授拉替夫·O·巴德鲁（Lateef O. Badru）、约翰·麦基（John Mackey）、约翰·麦克劳德（John Mcleod）、布鲁斯·亚当斯（Bruce Adams）、本杰明·哈里森（Benjamin Harrison）、凯伦·斯皮尔林（Karen Spierling）、斯科特·利维（Scott Levi）、玛丽·巴尼（Mary Bani）、瑞奇·琼斯（Ricky Jones）、布莱恩·哈德森（Blaine Hudson）、特里萨·拉杰克—塔利（Theresa Rajack-Tallyey）以及丽塔·海廷格（Rita Hettinger）等也给予了我帮助。

我非常感谢位于布卢明顿的伊利诺伊州卫斯理大学的瓦莱里·K·奥兰多（Valérie K. Orlando）教授为此项目投入大量的时间和资源。李基灵女士（Lee Keeling）一直很乐于助人，她帮助处理了手稿和图片的格式以使其达到可接受标准。

最后，但并非最不重要，我不能忘记感谢我的2004级本科生和研究生。他们对该项目进行了探讨，并开展了若干主题的研究。非常感谢他们的贡献和支持。

这项研究的部分资金由院长奖励基金和（路易斯威尔大学，肯塔基）艺术和社会科学学院的非裔美国人发展基金提供。

大事年表

公元前40 000 ~25 000年 整个地中海地区出现高级旧石器时代文化或穴居人迹象。

公元前3000 ~2200年 根据古埃及、古希腊和古罗马的史料记载，柏柏尔人出现在今天的北非摩洛哥地区。

公元前2000年 撒哈拉地区开始沙漠化。

公元前1200年 海上民族腓尼基人抵达北非。虽然他们主要定居在突尼斯，但他们已显著存在于摩洛哥的丹吉尔和切拉（得土安附近）等城镇。

约公元前146年 加萨尼人的影响开始在摩洛哥显现，直至罗马人到来。

公元429年 汪达尔人击败罗马帝国，势力扩张至几乎整个北非。

683年 阿拉伯半岛的阿拉伯人入侵北非。

710年 柏柏尔人抵抗阿拉伯人入侵结束，开始皈依伊斯兰教。

785 ~790年 穆莱·伊德里斯一世抵达摩洛哥，建立了第一个穆斯林王朝，史称伊德里斯王朝（先知穆罕默德后人）。伊德里斯王朝统治摩洛哥约200年（789～987年）。

807～808年 伊德里斯王朝的统治者建立菲斯城。

818年 阿拉伯人被驱逐出西班牙领土，数以百计的阿拉伯家庭从科尔多瓦来到摩洛哥。

大约1000～1700年 朝代更迭、宗教运动持续，包括阿蒙拉维德王朝（约1061～1148年）、阿尔蒙哈德王朝（约1148～1269年），它们在鼎盛时期均控制了整个摩洛哥以及今日阿尔及利亚和西班牙部分地区。

1070年 阿尔蒙哈德王朝的统治者在摩洛哥中西部地区建立马拉喀什城。

1666～1672年 阿拉维王朝（即现今的统治王朝）在穆莱·伊斯梅尔之下建立了君主政体。

1860年 争执西班牙的休达飞地；西班牙发动战争，赢得另外的飞地，休达定居点范围进一步扩大。

1884年 西班牙宣称在摩洛哥沿海地区拥有保护地。

1904年 法国和西班牙就各自在摩洛哥势力范围达成一致。

1906年 阿尔及利亚（在法语中称 Algecira）会议在西班牙召开；法国和西班牙进入摩洛哥港口维护治安并收取关税。

1912年3月30日 根据《菲斯条约》，摩洛哥成为法国的保护国，由法国居民路易·赫伯特·利奥泰将军（1854～1934年）管理（尽管柏柏尔人持续抵抗至1933年）。西班牙继续管理摩洛哥沿海地区保护地。摩洛哥苏丹很大程度上起到象征性作用。

1927 年 11 月 18 日　18 岁的穆罕默德·伊本·优素福（1911～1961 年，日后的穆罕默德五世）继承其父的摩洛哥苏丹王位。

1929 年 7 月 9 日　哈桑（1929～1999）出生在拉巴特，日后成为哈桑二世国王。

1933 年　抵抗法国殖民控制的柏柏尔残余势力得到平息。殖民者开始在该地实行间接统治。

1943 年　独立党（Istiqlal）成立，旨在结束殖民统治。

1947 年 4 月 19 日　苏丹优素福对北方城市丹吉尔进行历史性访问，其间他的大胆演说唤醒了摩洛哥的民族意识，重启反对法国在摩洛哥殖民统治的斗争。

1953 年 8 月 20 日　苏丹优素福及其家人被法国常驻将军西奥多·斯泰格流放到马达加斯加。

1955 年 11 月 16 日　苏丹优素福及其皇族家庭结束流放。

1956 年 3 月 2 日　根据《马德里协定》，摩洛哥不再是法国的保护国。西班牙继续保留其两处沿海飞地休达和梅里拉。

1956 年 3 月 3 日　苏丹穆罕默德·伊本·优素福宣布自己为穆罕默德五世国王。

1961 年 2 月　穆罕默德五世国王逝世；哈桑二世国王继位。

1963 年　摩洛哥举行历史性的全议会选举。

1963 年 8 月 21 日　王储希迪·穆罕默德出生。

1965 年　社会不稳定因素增加，哈桑二世国王宣布国家进入紧急状态，议会停止工作。

1971 年 军事政变企图推翻国王建立共和国，但以失败告终。

1973 年 波利萨里奥运动开始，旨在摩洛哥南部的西属撒哈拉地区建立一个独立国家。阿尔及利亚宣布支持该运动。

1975 年 11 月 6 日 绿色三月日：哈桑二世国王命令 35 万群众志愿者越界进入西撒哈拉。这是一场戏剧性的表演，旨在表现民众团结一致支持国王所宣称的摩洛哥领土完整。

1975 年 12 月 西班牙签署《马德里协定》，从西属撒哈拉（很快就成为西撒哈拉）撤军，并将其交给摩洛哥和毛里塔尼亚共管。尽管阿尔及利亚表示反对并威胁将采取军事干预，但摩洛哥军队依然进入并占领该地。

1976 年 2 月 摩洛哥和阿尔及利亚军队在西撒哈拉交火。阿尔及利亚宣布成立撒哈拉阿拉伯民主共和国（SADR）及其流亡政府。摩洛哥和毛里塔尼亚瓜分了西撒哈拉。

1976 年 摩洛哥军队和波利萨里奥（民族主义力量）就西撒哈拉主权问题进行斗争。

1983 年 哈桑二世国王和阿尔及利亚总统会见，旨在改善邻国关系。

1983 年 由于政治不稳定和经济危机，哈桑二世取消原定的选举。

1984 摩洛哥退出非洲统一组织以示对其接纳撒哈拉阿拉伯民主共和国（SADR）为成员的抗议。波利萨里奥宣称在 1982～1985 年杀了 5000 名参与挑衅的摩洛哥军人。

1988 年 摩洛哥和阿尔及利亚恢复全面外交关系。

1991 年 联合国监管下的西撒哈拉停火行动开始实施，

但该地不确定性依然存在，违反停火行动的案例时有发生。

1998年 首位反对派领导人阿布德拉姆雷·尤苏菲成为政府官员。

1999年7月23日 哈桑二世国王逝世，其子希迪继位，成为穆罕默德六世。

2001年11月 穆罕默德六世访问西撒哈拉。此次访问饱受争议，是十年来第一位访问该地的摩洛哥王室成员。

2002年7月 在美国协调下，摩洛哥和西班牙就争议岛屿佩雷希尔达成一致。西班牙军队意外发现摩洛哥士兵的存在，故此后一直占领着该岛屿。

2002年12月 继7月佩雷希尔岛争端之后，摩洛哥和西班牙两国未能重建全面外交关系。

2003年2月 卡萨布兰卡法庭裁决3位沙特籍基地组织成员10年监禁。他们被指控在2002年预谋袭击直布罗陀海峡的美英战舰。

2003年7月 卡萨布兰卡发生连环自杀式爆炸，41人死亡，多人受伤，据称基地组织给予了资金支持。

2004年2月 摩洛哥遭遇强地震，600多人死亡。地震发生在地中海城市胡塞马附近的农村地区，主要波及周边3个村庄——艾特·卡姆拉、塔玛辛特和伊佐恩。

2004年8月24日、29日 摩洛哥著名运动员希查姆·艾尔·奎罗伊在2004雅典奥运会上夺得1500米和5000米跑奖牌。

2004年10月9日 穆罕默德六世任命德里斯·杰图为摩洛哥首相及政府商业领导人。

2005 年 8 月 18 日　波利萨里奥释放了自 1991 年联合国协调下的停火以来关押的 404 名摩洛哥战犯。

2005 年 8 月 20 日　值摩洛哥国王和人民革命 52 周年之际，穆罕默德六世国王阁下下令释放 417 名囚犯，包括政治犯。

第一章　概　况

摩洛哥就像一棵树，它的根在非洲

但其枝叶却呼吸着欧洲的空气。

——摩洛哥国王哈桑二世

（1961～1999 年在位）

摩洛哥王国是北非国家中最靠西边的一个，是马格里布地 1
区（马格里布，在阿拉伯语中是“更靠西”的意思）的主要非洲国家之一，这一地区的国家有摩洛哥、阿尔及利亚和突尼斯。马格里布地区占地 17.4 万平方英里（446 550平方千米），有平原、山脉和沙漠荒地，面积略大于美国的加利福尼亚州。摩洛哥，有时被称为马格里布王国，人口约超过3200万人，人口年增长率为 1.61%，出生率高达 22.79‰，死亡率为 5.71‰。出生人口的平均预期寿命约为 70.35 岁（其中男性 68.06 岁，女性 72.74 岁）。摩洛哥首都是东北部沿海城市拉巴特，但最大、最著名的城市是港口城市卡萨布兰卡。文化观念和制度因地理条件的不同而不同。

在许多外国人的脑海中，对摩洛哥印象便是 1942 年亨弗

莱·鲍嘉主演的电影《北非谍影》中的神秘异域。几个世纪以来，摩洛哥独立发展出了一种融合了柏柏尔人、阿拉伯人、
2 非洲人和欧洲人的丰富文化。1912 年，摩洛哥最终成为法国殖民地，而西班牙控制了小港口城市休达和北部的梅利利亚以及南部的西属撒哈拉。在经历了 44 年的法国和西班牙殖民后，该国于 1956 年 3 月 2 日恢复独立，穆罕默德五世（1927～1961 年在位，也被称为穆罕默德·伊本·优素福）成为政府首脑。后殖民时期的摩洛哥民主尚不健全。1961 年，国王穆罕默德五世去世，其子哈桑二世继位，并统治了摩洛哥 38 年。在哈桑二世（1961～1999 年在位）领导下，新兴的民族主义政党名义上继续存在。他在 20 世纪 90 年代进行了小规模的政治改革，1997 年，两院制的立法机构应运而生。考虑到本土居民中犹太人数量可观，哈桑统治下的摩洛哥注重阿拉伯世界与以色列的总体和平。1999 年，哈桑二世去世时，其子穆罕默德六世继承了王位。尽管人权组织批评已故国王对政治对手残酷镇压，但其继任者被广泛认为是个民主开明的领导人。2002 年 9 月，摩洛哥举行议会选举，这是自 1970 年 8 月以来的第二次议会选举，当时已故的国王哈桑首先支持新宪法，恢复了议会政府。2003 年 9 月举行了市级选举。摩洛哥在西班牙的大力支持下，正谋求加入其主要贸易伙伴——欧盟。到目前为止，欧盟领导人似乎没有多少热情，可能是因为一些棘手问题始终困扰着这个北非国家。

要赢得国际社会的接受，摩洛哥还面临着许多问题需要解决。在南方，20 世纪 70 年代末摩洛哥吞并西撒哈拉，至今不允许其举行全民自决公投，该问题仍未得到解决。在北方，

2002 年 7 月，摩洛哥与西班牙就地中海沿岸小岛帕雷吉岛的主权归属发生争议，此事进一步激起了两国关于西班牙实际控制的休达和梅利利亚岛的主权纷争。最近，由于摩洛哥公民参与了 2004 年 3 月马德里（西班牙）火车爆炸案这一恐怖主义活动，其国际关系发展进一步受阻。

宗教原教旨主义和恐怖主义活动的资金主要来自于非法贩运大麻、大麻脂和大麻制品。摩洛哥是世界上最大的大麻出口国。大麻种植在利夫山区重峦叠嶂的乡村，以盖夫赛和塔乌纳的地区为甚。在最近发生在该国的恐怖主义爆炸事件之前，摩洛哥政府在打击国内经营着超过 80 亿美元毒品交易的大毒枭方面并没有做出太多的努力。虽然毒品吸食者有自己的固定供应渠道（这是众所周知的），但欧洲游客和走私者也发现，在街头贩卖毒品或与年轻男孩发生性关系也是很容易办到的。由 3
于联合国毒品和犯罪办事处（UNODC）以及美国和其他西方国家政府的压力，摩洛哥当局最近对这些非法行业采取了更为有力的行动。例如，在 2004 年，总共逮捕了 687 名外国走私者。除非政府能够解决这样那样的问题，否则摩洛哥不太可能实现其与西方世界建立更紧密、更受尊重的关系的梦想。

土　地

摩洛哥地处战略要地，位于欧洲、亚洲和非洲其他地区之间的地理交叉口。西毗大西洋，北有地中海、直布罗陀海峡和西班牙，南边是西撒哈拉和撒哈拉沙漠，东接阿尔及利亚。全国地理地貌多样，绵延崎岖的山地地貌将国家划分为五个地区。利夫山脉与地中海海岸平行，从休达到梅利利亚有大面积的平原、山谷和富饶的沿海平原。摩洛哥西部的沿海平原从北部城市丹吉尔向南延伸到索维拉，高阿特拉斯山脉阻断了延伸向大海的平原。山脉分为三个区域，中阿特拉斯山区、高阿特拉斯山区和背阿特拉斯山脊区。中阿特拉斯山区位于利夫山的南侧和塞布河（Sebou，或写作 Sebu）流域之间，与高阿特拉斯山区的东部边缘地带以南方的阿比德河谷为界。高阿特拉斯山区长约 450 英里、宽 40 英里，将国家划分为两个截然不同的气候带——其中一个气候带受到来自大西洋西风的影响，而另一个气候带受撒哈拉周边的影响。南部的背阿特拉斯山脊区通过锡尔沃火山地块与高阿特拉斯山区相连，是亚玛谢柏柏尔人的故乡。背阿特拉斯山脊区再往南是绿洲（斯马拉）、季节性河流和小岛镇子。山脉、高原、峡谷、河流、大海和大洋集合在一起，构成了一个复杂的网络，给这个国家带来了多样的气候特征，很难用三言两语概括清楚。

从广义上讲，北方温暖、温和，而南部是半干旱地区。摩洛哥西部和北部的地中海气候受到当地因素（如山脉和靠海）影响巨大。利夫山脉和阿特拉斯山脉是国家西部和东部地区之间的屏障。冬季，西风从大西洋上吹来，给山脉的西侧带来了降雪和降水，而东部的大草原和平原却鲜有降雨。除了中阿特
4
拉斯山区，其他地区气温不会低于 46 华氏度。中阿特拉斯山区的温度可达零度，天气会很恶劣。冬季的天气可能会是严寒和暴雨，也有可能会是雨量不足。雨量不足通常导致农业生产歉收。

春季的降雨通常温和但不规律，平均温度大约是 68 度。

在地中海沿岸，气候一般温和晴朗。大西洋沿岸的土地有足够的降雨来维持其肥沃度，保证农业产量良好。在利夫山脉的部分地区、中阿特拉斯山区以及靠近直布罗陀海峡的丹吉尔地区降雨充沛，但南部撒哈拉沙漠的大部分地区每年平均降水量不到 4 英寸。

夏天通常炎热干燥，除了地中海沿岸较湿润。在利夫和阿特拉斯山区气温凉爽，尽管太阳可能很烈。夏季的降雨只发生在山区，6 月和 7 月还会伴有强暴风雨——类似于 6 月至 8 月期间美国阿巴拉契亚山脉的天气。虽然冬天还会有点凉，但摩洛哥沙漠的夏天却热得难以忍受。这很大程度上是因为有来自北大西洋（葡萄牙附近）的反气旋、来自东北的风（累范特风）以及偶尔发生的沙漠风，如热风和北非东风。最干燥的月份是在 4 月到 10 月。显然，气候影响着居民的整体文化——他们的农业生产、定居模式，等等。

摩洛哥大约 20.12% 的土地是适合农耕的富饶土地。源源不断的河流还滋养着沿岸一些肥沃的低地。阿特拉斯山和利夫山脉之间土地以及阿特拉斯山谷里的土地也很肥沃。冲积平原很稀少，但在拉尔布平原和苏河谷附近可以找到。离开沿海平原，土地逐步抬升，进入内陆山区和草原地带，农业用地的肥沃程度渐低。阿特拉斯山脉将整个国家一分为二，构成了南部撒哈拉沙漠的北侧边缘。在东部和东南部地区，土地贫瘠，岩石和沙漠侵蚀该地，人烟稀少，仅有少数游牧部落出没于此。摩洛哥一项地理研究表明：摩洛哥的农业发达的沿海平原、高原以及阿特拉斯山脉北部和西部被称为“内摩洛哥”，用法国和西班牙的殖民者的话说，叫“有用的摩洛哥”①。

摩洛哥所有的大城市和大多数人口都在内摩洛哥［也被称为“马克森的土地”（或 bled el-Makhzen）］。公元 7 世纪到达此地的阿拉伯人的后裔在可耕种的平原和沿海低地的周围居住。这些地区中的大部分地方人口密度超过每平方英里 100 人。在高度城市化、农业密集的沿海地带，以卡萨布兰卡为中心，人口密度超过每平方英里1000人。与此形成鲜明对比的是，在撒哈拉沙漠深处的高阿特拉斯山区以南地区人口稀少。在这些地区，人口集中在德拉河谷的绿洲地区。在山丘、草原和山区，当地的柏柏尔人从腓尼基时代起就住在这里，一些贝都因人勉强维持着牧民或商人的生活。通往内摩洛哥的陆路位于中阿特拉斯山脉和利夫地块之间，从拉巴特穿过梅克内斯和菲斯，随后一路东北向到塔扎和乌杰达。这是通往沿海城市卡萨布兰卡和拉巴特的东西通道。与上穆卢耶河谷和东部高原一道，穿越塔扎的高速公路也是东摩洛哥三大地理分界线之一。

人　口

与大多数阿拉伯社会和非洲社会一样，摩洛哥也有数百个小型语言社区。在过去，大多数“亚国籍”居民都是独立自主、自给自足的。如今，随着几个世纪的种族通婚以及阿拉伯

① 达勒 · F. 艾科曼：《摩洛哥伊斯兰教：朝圣中心的传统和社会》（奥斯汀：德克萨斯大学出版社，1942），16；美国大学外交学系（FASD），《区域手册：摩洛哥》（华盛顿特区：美国政府印刷局，1966），51。

语作为权力和身份的语言的主导地位，种族界限变得不再那么明显。因此，柏柏尔人或阿拉伯人的身份更多地体现在个人行为上，而不是用来表明一个独特的、有限的社会实体的成员身份。摩洛哥的阿拉伯人—柏柏尔人占总人口的99.1%。其本土的犹太人口占总人口的0.2%。其他少数民族，包括摩尔人（或称“混血阿拉伯人”）、非洲黑人（或称“黑人”）、欧洲人（或称“白人移民”），主要居住在城市，占总人口的0.7%。① 有趣的是，人口统计显示年轻化和民族团结这两大趋势正悄然相伴。年龄在15岁以下的年轻人占大约40%，他们大多生活在大西洋沿岸或高阿特拉斯山脉地区。和大多数国家一样，摩洛哥人口也分为农村居民和城市居民。

摩洛哥3200万人口中约有三分之一是城市居民，其中近三分之一的人生活在卡萨布兰卡。城市人口中有一部分是受过教育的摩洛哥人、外国人、富商和当地的小杂货店主，这些杂货店主是阿拉伯世界适应贸易精神的缩影。当地的柏柏尔人（以及农村居民）主要居住在多山的乡村。柏柏尔人最初称自己是亚玛谢，他们声称自己是欧洲人的后代，因为他们有白皙的肤色和蓝色或绿色的眼睛。首次把他们称为“野蛮人”的
是罗马人，“柏柏尔”就出自“野蛮人”这个词。柏柏尔人有 6
三种不同的类型：北部的卢菲安人，中、高阿特拉斯山区的克罗人和西南部的苏西人。在当地社区内，柏柏尔人从特定语言群体的成员身份中获得他们的主要社会身份；然而，如果一个

① 摩洛哥摩尔人多数是西班牙摩尔人的后裔，他们多数居住在城镇里或大城市里，通过商业发家致富。

人与他的家人远离原著群体，柏柏尔人的身份很容易丢失。如今，大多数摩洛哥人都是柏柏尔人、阿拉伯人和非洲人的混血。这些混血人种导致该国存在各种阿拉伯语方言。

现代摩洛哥犹太人的大多数祖先（通常被称为塞法迪犹太人或塞法达西犹太人）是在15世纪晚期基督教重新征服阿拉伯人控制的西班牙之后到达这里的。然而，另一些人最初是讲柏柏尔语的人，后来改信了犹太教。他们生活在全国各地，主要生活在农村的犹太村庄里或者是生活在非犹太家庭的单个家庭或小团体。一些塞法迪犹太人住在叫作梅拉的犹太社区里。另一些人定居在城市，通常是进入快节奏的行业，包括手工艺贸易、非法货币兑换以及白银、黄金、钻石等贵重物品的交易。虽然摩洛哥犹太人控制着很大一部分经济，但他们的人口仍然很小，部分原因是1948年以色列建国后部分人移民到了以色列。更近一点，1956年摩洛哥独立和泛阿拉伯意识的增加也都迫使大量犹太人离开摩洛哥。

欧洲社区人数相当可观，但现在正在迅速减少，其中的欧洲人包括法国人、西班牙人和英国人，当然还有其他一些生活在大城市里的西方人。许多人都是被政府雇佣的外籍人士，有教师、技术人员、企业经理，等等。他们在管理国家经济方面的作用至关重要。

摩洛哥人中阿拉伯—柏柏尔人后裔有着独特而鲜明的特点，可以很容易地将他们与其邻居区分开来。有时他们有着蓝色的眼睛；由于几代人的通婚，肤色各种各样，而且通常又高又瘦，这使得他们能够长途跋涉。摩洛哥女人喜欢华丽的衣服，她们花时间用墨水、染料、珠宝和其他装饰品来装饰自己的身体。

语 言

摩洛哥的三种主要语言是阿拉伯语、柏柏尔语和法语。官
方语言是阿拉伯语，有超过70%的人口使用。说柏柏尔语的
人占总人口的30%。法语主要用于商务、政务和外交事务。
学校教育极为重视法语学习，因为这是促进与非阿拉伯世界互 7
动的一个重要手段。即使种族间通婚已历经几个世纪，但语言
还是被认为是“种族的主要决定因素”[①]。说阿拉伯语的人被
认为是阿拉伯人，说柏柏尔语的人被认为是柏柏尔人，并不在
意他们的实际血统是什么。柏柏尔语属于亚非语系，在不同的
地方有不同的方言，但其中三种是主要的：胡塞马（Al
Hocema）地区附近的塔里非特方言；西南地区（阿加迪尔附
近）、马拉喀什东北部和德拉山谷东部地区的塔舍里
（Tachelhi）方言；中阿特拉斯地区的塔马塞特方言。在公元7
世纪阿拉伯入侵北非之前，柏柏尔语是北非地区的主要语言。
今天，当地大部分方言仅在摩洛哥的山区和荒漠区使用。柏柏
尔人没有培养起书写文化（这是大多数非洲土著语言使用者
的常见问题），本可以靠语言搭建起来的凝聚力缺失了。由于
书面信息必须依靠另一种语言传播，致使土著语言正在经历腐
化（或阿拉伯化），因为许多阿拉伯语词汇正在成为大家日常

---

① 哈罗德·D. 尼尔森编辑，《摩洛哥：国家研究》（华盛顿特区：美国大学出版社，1985），101。

用语。例如，所有神圣的词汇和课堂指令语言大多源自阿拉伯语，而并非源于柏柏尔语。

阿拉伯语是北非和中东大部分地区最主要的语言，是世界上最古老的语言之一，在古代的美索不达米亚的楔形文字记录中广泛使用。摩洛哥的内陆城市、平原和山区中使用古典阿拉伯语（现代标准阿拉伯语）和流行阿拉伯语（摩洛哥阿拉伯语）。现代标准阿拉伯语是《古兰经》的语言，在整个阿拉伯世界广泛使用。在摩洛哥，报纸、通信、新闻广播、演讲和大多数高等教育（特别是在哲学和宗教研究中）使用标准阿拉伯语，但在日常会话中极少使用。摩洛哥阿拉伯语是大多数人的通用语言。其他说阿拉伯语的人，可能除了阿尔及利亚人和突尼斯人，很难理解摩洛哥阿拉伯语口语。尽管阿拉伯语对柏柏尔人的生活和习俗有很大的影响，但土著文化反过来又影响了摩洛哥古典阿拉伯语的发音，这种影响比其他伊斯兰世界更甚。

政务和城市内使用法语。尽管 1956 年殖民结束以来，摩洛哥政府一直试图维护阿拉伯语作为官方语言的主导地位，但法语的使用已被证明是不可或缺的。一些机构的阿拉伯化进程已经取得了很大进展，但在其他领域，要彻底改变看来也不现
8 实。例如，尽管阿拉伯语很适合写诗、哲学和宗教文本，但它不适合技术主题。法语在企业和工厂中得以保留，因为政客和公务员发现，法语在与欧洲和非洲其他说法语的国家进行交流中是很有用的。这使得该国阿拉伯语使用者也普遍具有法语读写能力。此外，大约 2 万名说西班牙语的人在摩洛哥的小组织和小中心工作。与此同时，阿拉伯语仍在不断发展，因为国家

教育理念源自伊斯兰教的经典——《古兰经》中的教义。

教　育

对7岁到13岁的孩童，政府提供免费义务教育，尽管没有法律规定公民必须接受一定程度的读写能力教育。2004年，15岁以上人口识字率是51.7%。男女识字率分别为64.1%和39.4%。尽管一些家庭强烈地致力于女性成员的教育，但一般来说女孩在学校的时间较少，因为她们的家庭经常需要她们帮助年长的女性完成家务。三年级之前，学校用阿拉伯语教学。此后，使用阿拉伯语和法语双语教学。中学之后，相比男性学生，女性学生的入学率大幅下降，通常为3%到5%。大学教育受到高度重视，因为它能保证提高个人的社会地位和生活水平，但富人有接受高等教育的特权。自20世纪80年代以来，摩洛哥学生入学率一直在上升。摩洛哥最受欢迎的大学是拉巴特大学和伊斯兰卡鲁大学。毫无疑问，教育的进步创造了更多的经济机会，尤其是对涌向城市的年轻人来说。

城　市

人口增长和经济发展相互促进，随之而来的是城市的规模和影响力越来越大。据估计，卡萨布兰卡每年流入人口新增7%，是全国人口最多的城市，也是主要的港口城市。这座城市有高耸的大楼建筑，也有美丽的阿拉伯风格历史建筑，兼具现代城市和古老阿拉伯世界的魅力。卡萨布兰卡港是非洲最现代的港口之一。拉巴特是摩洛哥的首都，是全国第二大城市。
9 北部城市丹吉尔是摩洛哥最受欢迎的旅游目的地之一，是直布罗陀海峡附近一个风景如画的静谧之地。它吸引着大量游客，有些地方甚至被认为过于高调，因为许多艺术家和作家都居住在那里。先前殖民时期的沿海城市卡萨布兰卡、拉巴特、丹吉尔、肯特拉和萨菲都是工业和商业中心。这些地区有大量的外国人口，也是农村移民最喜欢的目的地。这些城市的现代化区域被精心布置，有宽阔的林荫大道、公园和高楼大厦。周边古老的穆斯林和犹太社区（分别叫作麦地那和梅拉）通常都很拥挤，狭窄、弯曲的小巷两侧是低矮的泥砖房。现代城市的周围，包括卡萨布兰卡和拉巴特，都是棚户区，到处是临时搭建的棚屋。这些房子经常是用平整的油鼓、木材和瓦楞铁建造的。最贫穷的、新近的农村移民都住在那里。

资源、职业和经济

摩洛哥拥有丰富的耕地、丰富的淡水和鱼类、盐类沉积层以及大量的磷酸盐和其他矿物质，如铁矿石、锰、铅和锌。景色秀丽的摩洛哥造就了其不断增长的旅游业。这些资源的经济潜力部分解释了为什么外国势力想要控制摩洛哥。摩洛哥的现代经济由采矿业、食品加工、皮革生产、纺织业、建筑业和旅游业等行业组成。此外，还种植商用谷物、柑橘、酿酒葡萄和橄榄。大约 50% 的人口从事农业，35% 从事服务业，15% 从事工业。摩洛哥的人均收入约为4000美元。

根据2005年的估计，摩洛哥的失业率为23%①。大多数人只能找到临时的、季节性的或流动的工作，而且失业人员没有国家资助的就业保险或社会保障福利。失业导致在大城市里出现几家男性和女性妓院，尤其是在卡萨布兰卡和马拉喀什。尽管中产阶级不断壮大，贫富之间的差距却扩大了，从而引发了社会动荡和粮食骚乱，这些骚乱在20世纪80年代变得猖獗起来。

与大多数非洲经济体一样，摩洛哥的经济在很大程度上依赖于农业，尽管政府雄心勃勃地寻求发展工业。由于政府正试图使农业经济现代化，农民逐渐从传统的农业劳作转变为更有效的机械化劳作方法。耕地为谷物类作物的生产提供支持，如大麦、小麦和玉米。其他重要的经济作物包括不同种类的柑橘
类水果、葡萄酒、蔬菜和橄榄。摩洛哥人还饲养牲畜以满足国 10
内需求。发展中的工业部门提供了大量的就业机会。摩洛哥是全球主要的磷酸盐生产商之一。由于该地区存在大量的水体，渔业已成为一个蓬勃发展的产业。与此同时，政府不断鼓励小型企业继续推行多元化和工业化的政策。旅游业也是经济的一个重要方面，这要归功于该国数量众多的海滩和历史遗迹。

政　府

现在摩洛哥政府可称为君主立宪制。国王穆罕默德六世是

① 韦恩·艾奇编辑，《全球研究：非洲》，第11卷（迪比克，艾奥瓦州：麦克格劳—希尔出版社，2006），135。

政府首脑，于1999年7月23日继承了他已故的父亲——国王哈桑二世。国王在立法选举之后任命总理，并选择部长组成部长理事会。2002年10月9日，德里斯·杰图被任命为总理。穆罕默德六世在他父亲去世后不久的第一次全国演讲中做出了对君主立宪制、政治多元化和经济自由化的承诺。他承诺解决贫困和腐败问题、创造就业机会，并着手解决摩洛哥糟糕的人权状况。初步迹象表明，新国王对他的非政治化计划是认真的。在一项被广泛认为是民粹主义的举动中，穆罕默德六世摒弃了他父亲众多的皇家宫殿，并处理了一些皇家豪华轿车。尽管这些初步的做法让穆罕默德六世受到了许多改革者和年轻人的喜爱，但许多伊斯兰保守派强烈反对他的自由主义倾向。其他批评者也质疑他维护人权和言论自由的能力。所有这些调整、转折和曲折都必须联系摩洛哥长期的王朝征服、帝国统治和宗教皈依的历史才容易理解。

历　史

早期历史

摩洛哥的历史沿革和发展充满着不同的居民和冲突。非洲这个地区以其独特的特点和作为几个中世纪帝国的中心而著称，这些帝国在不同时期都控制着北非和西班牙南部的大部分地区。与北非的大部分地区不同，摩洛哥在16世纪没有受到奥斯曼土耳其的统治。1912～1956年，摩洛哥成为法国和西
11 班牙的保护地。这一短暂时期可被认为是现代摩洛哥历史上的

一种“断片”。在此期间，以阿勒尔·阿尔·法西为代表的民族主义领导人领导下的摩洛哥民族主义逐步取代了部落间的对抗。

史前石器时代的穴居人（公元前40 000年～公元前25 000年）最初就居住在非洲现在被称为摩洛哥的地区。1933 年的一次挖掘中，在拉巴特附近的一个山洞里发现了一名尼安德特男孩的遗骸。据估计，这个约莫 16 岁的男孩大约生活在50 000年前。那时，这个地区是一片茂密的森林，林中有狮子、黑豹、长颈鹿、鸵鸟、大象和羚羊。从公元前 8000 年到公元前 5000 年的岩画也确认：新石器时代的文化一直在这里蓬勃发展，直到公元前 2000 年开始气候发生变化，导致撒哈拉地区开始变得干燥。

当地的柏柏尔人，属于广义地说亚非语系语言的人，他们在公元前 2 世纪初进入了利夫山区和阿特拉斯山脉附近的马格里布，当时新石器时代的入侵者与黑皮肤的巴福特人以及早期的萨凡纳人（他们曾占领周围的绿洲）的残余开始交锋。由于没有独特的名称或地缘政治，柏柏尔人主要把自己与家庭村庄联系在一起。各个村庄相互竞争，争夺可用的资源控制权，特别是争夺有限的放牧地。他们称自己为亚玛谢（Amaziah，或写作 imazighan)，意思是“自由人”。

有证据表明，在公元前 12 世纪，腓尼基商人从他们的主要城市泰尔和西顿抵达地中海西部海岸，并在丹吉尔、休达、梅利利拉和泰图安等地建立了贸易据点。后来，来自迦太基（卡特哈什特，或“新城”，公元前 814 年左右由腓尼基人在今天的突尼斯这块地方建立）的人们试图宣称摩洛哥最北部地区为其所有。这些外国势力都没有进入内陆地区，但他们与柏柏尔牧民和沿海地区的农民进行了贸易。

公元前 146 年，罗马人洗劫了迦太基，将其变为一片废墟，并掠夺其人民和资源，罗马的影响力开始在整个非洲西北部迅速蔓延。在接下来的两个世纪里，罗马人管理着今天的拉巴特、菲斯和塔扎地区，他们称其为毛里塔尼亚亭吉塔那省，首府为亭斯（即现在的丹吉尔）。拉丁词毛里塔尼亚的意思是摩尔人的土地，摩洛哥这个名字也是源自于摩尔这个词。罗马人在摩洛哥建立了殖民地，他们把当地的柏柏尔人描述为一个顽固派，因为这帮人给他们的军团带来了无尽的麻烦。

公元 3 世纪，由于国内的王朝危机和柏柏尔人的压力，罗马人被迫撤回了对摩洛哥的政治统治。这使得罗马在摩洛哥的影响力只局限于丹吉尔，当时丹吉尔由罗马帝国在西班牙的机
12 构管理。罗马在摩洛哥的统治造成的一个重要影响是：许多柏柏尔人接受了基督教，他们希望通过这种方式能从内部抵消帝国的淫威。公元 4 世纪，基督教被确立为国教，并在摩洛哥建立了四个主教区。此外，也有越来越多的人皈依了犹太教——摩洛哥最古老的宗教之一。尽管一些犹太人是在早期的布匿战争（公元前 264 ~241 年和公元前 218 ~201 年）中来到摩洛哥的，另一些人却是在公元 70 年由提徒斯将军率领的罗马军队摧毁耶路撒冷之后到达的。柏柏尔人的基督教和犹太教或多或少包含了一些本土宗教的元素。

公元 429 年，德国东部的哥特汪达尔人推翻了由卡斯提奴指挥的罗马基督教军队，并很快占领了包括摩洛哥在内的

北非。作为一种抵抗形式，柏柏尔人成为游牧民，试图逃避汪达尔人的暴行。公元前200年，罗马人把骆驼带到非洲西北部，这使得柏柏尔人的游牧生活变得容易一些。公元534～公元533年，罗马帝国的拜占庭继承者们击败了汪达尔人，并试图将基督教恢复为帝国的国教。然而，这种新秩序的成功是极其有限的，因为思想独立的柏柏尔人厌恶新的帝国统治者，这些统治者的权力仅限于分散的城市和堡垒。到了公元7世纪，随着欧洲政治力量的削弱，北非人开始把注意力从古代欧洲帝国转移到别处。实际结果是，在伊斯兰教信仰这一工具的驱动下，土著柏柏尔文化与阿拉伯文化发生了交集。 13

阿拉伯人和伊斯兰教的到来

公元681年，西迪·奥克巴·本·纳菲率领阿拉伯人首次袭击摩洛哥，他们穿过塔扎公路进入平原，试图用武力（剑）使柏柏尔人（他们认为是异教徒）皈依伊斯兰教。之后很多年，柏柏尔人的抵抗使得阿拉伯控制和彻底皈依得以延迟。最终，在710年，由业已伊斯兰化了的突尼斯（当时被称为伊福里奇亚）行政长官穆萨·伊本·奴萨伊尔（Musa，或写作Mousa，Ibn Nusayr）领导的阿拉伯军队成功地捕获摩洛哥平原和北方城市的柏柏尔人并使其皈依，却对犹太居民网开一面。皈依伊斯兰教之后，当地的柏柏尔人组成大军并于公元710年入侵西班牙。他们在大马士革伍麦叶王朝统治之下占领了伊比利亚半岛大部分地区。

大约在785年，什叶派和逊尼派之间反复出现的教义分歧导致摩洛哥建立起第一个王朝——伊德里斯王朝（788～987年）。伊德里斯·伊本·阿卜杜拉（死于791年）是阿里（先知穆罕默德的女婿和穆罕默德后第四位继位的哈里发）的玄孙。在被支持阿里对手的逊尼派人穆阿维叶（麦加古莱什家族成员，穆罕默德亲戚中一个强大的支派的领导人）打败后
14 逃到摩洛哥。伊德里斯王朝的创始人是伊德里斯一世，他以虔诚和个人魅力而闻名，受到柏柏尔人的热烈拥戴。这个王朝的主要功绩有：在807～808年建立了菲斯城；建立了著名的凯卢伊大学，这是世界上最重要的学校之一。公元987年，伊德里斯二世的儿子们瓜分了王朝，不久王朝便开始走下坡路。一些新的统治者保持着其对各自领地的控制权，但还有一些试图在其影响力范围之内建立更为正统的伊斯兰皇权国家。结果是，伊德里斯王朝的各统治者在政治上变得不再相互关联。这样的发展所造成的政治真空很快被两个对立的团体所填充——法蒂玛王朝和伍麦叶王朝。摩洛哥大部分地区徘徊于这两股政治力量之间，直到穆拉比德人来到这片土地。

穆拉比德王朝（1061～1147年）统治了大约86年。这是伊斯兰时期〔约为公元622年先知穆罕默德从麦加逃离开始（这段旅程被称为“希吉拉”）〕统治了摩洛哥的三个柏柏尔王朝中的第一个。在鼎盛时期，王朝的势力从非洲的西北部延伸到阿尔及尔（现代阿尔及利亚的首都）。穆拉比德王朝也占据了西班牙南部的部分地区。穆拉比德王朝衰败之后，阿尔穆哈德人取代了他们。

阿尔穆哈德王朝（1148～1269年）统治了大约121年。在其鼎盛时期，阿尔穆哈德人把摩洛哥变成了一个穆斯林帝

国，其边界直抵今天的阿尔及利亚、突尼斯、利比亚、西班牙和葡萄牙的大部分地区。至 1148 年，帝国最伟大领袖之一——阿卜杜勒·埃尔·穆明已获得了摩洛哥所有领土的控制权，将其帝国领土大大扩展到他前任统治者控制的疆界之外。1160～1210 年，宏伟的建筑以及工业（特别是丝绸编织）在摩洛哥蓬勃发展。此外，金币作为交换媒介应运而生。到 1230 年，王朝逐渐衰落，在当地持不同政见者的挑战下，其统治也在萎缩。在绝望中，哈里发同意接受来自卡斯蒂利亚—莱昂国王费迪南德向其提供 1.2 万名基督徒士兵以帮助镇压当地的持不同政见者，并从叛军手中夺回马拉喀什的提议。为了换取这种支持，统治者同意欧洲人在马拉喀什建造一座天主教教堂。最终，梅尼德王朝在 1248 年取代了阿尔穆哈德王朝。

尽管梅尼德统治者自 1146 年以来一直在争夺权力，但到
了 1248 年前后，他们才有效控制了摩洛哥，阿布·亚哈雅也
在那一年将首都从拉巴特迁移到了菲斯。其著名领导人之
一——阿布·艾尔·哈桑是著名的黑人苏丹（1331～1351 年
在位），他以铁腕统治著称。他死后，他的儿子一直统治到
1358 年被对手勒死。从此，年轻苏丹们继承了王位，但国家 15
却无异于无政府状态。这一时期正好遇上西班牙和葡萄牙驱逐
西班牙的穆斯林。许多逃离西班牙的摩尔人在摩洛哥的地中海
沿岸建立了飞地。节节胜利的西班牙和葡萄牙军队迫使梅尼德
统治者妥协。意料之中，梅尼德王朝逐渐陷入了一种长期衰落
的状态，它的臣民们对他们的统治者屈服于基督教的要求感到
不安，其中包括失去了对利润丰厚的跨撒哈拉黄金贸易的控制
权，而大西洋贸易的出现则是通往西苏丹的另一条途径。摩洛

哥人普遍认为，这个时代是在外国侵略者手中经历暴政和压迫的时代。就像殖民统治时期的情况一样，欧洲人在马格里布的阿拉伯社区存在，重新唤起了柏柏尔人的反抗。

1478 年，西班牙宗教法庭建立前不久，瓦塔西王朝〔或瓦萨西迪王朝（1465 ~ 1550 年）〕开始掌权。穆罕默德·阿尔—伯图加利是瓦塔斯［Wattas，瓦塔西（Wattasid）］的苏丹，他统治着菲斯，而当地部落当局和苏菲派则控制着该国其他地区。瓦塔西王朝建立了一系列伊斯兰学院以促进帝国的教法教学和学习。1492 年，犹太人和摩尔人逃离西班牙宗教法庭，涌入摩洛哥。难民的涌入增加了当地居民人口，同时也使摩洛哥的经济和文化受益。在这一时期，摩洛哥的艺术和建筑传统盛行，摩尔人给王国带来了新的知识和创造性思想。在此期间涌现出一大批伟大的公共和住宅的建筑，包括喷泉、清真寺、法庭和大楼。到 16 世纪中叶，瓦塔西王朝显然处于瓦解的威胁之下。他们最大的敌人是已经控制了马拉喀什的萨阿迪人。

作为一个持不同政见的派系，萨阿迪王朝（1555 ~ 1668 年）于 1525 年控制了马拉喀什，几乎成为一股力量。1557 年，萨阿迪王朝最终推翻了瓦塔西王朝，并成功地控制了摩洛哥。这是自 987 年伊德里斯王朝沦陷后的第一个阿拉伯王朝。人们牢记最多的就是萨阿迪王朝赶走了基督徒，并建立起了中央政府——马克森。马克森作为一个社会政治遗产，至今没太多变化。

阿拉维派（或写作 Alaouites，1666 年至今）作为现任摩洛哥统治者，于 1666 年登基。苏丹穆伊·伊斯梅尔（1672 ~

1727年）在位55年，成为王朝最受欢迎的统治者之一。当他登上王位后，伊斯梅尔选择了梅克尼斯作为他的首都，在他的统治下，摩洛哥经历了一段繁荣时期。苏丹以其奢华的生活闻名于世，他建造了宫殿、清真寺、梯田、花园、商店和喷泉。16
他的一些遗产还包括购买了数百名嫔妃、生养了近1000名儿童，其中包括700个儿子。伊斯梅尔也因其残暴的名声和坏脾气而闻名。如果他认为奴隶的表现不达标，他就会当场杀死奴隶。

欧洲殖民主义和独立

14世纪晚期，随着穆斯林力量的衰落，欧洲开始蠢蠢欲动，准备入侵北非领土。1399年，西班牙的卡斯蒂利亚人占领了提图安。1415年，葡萄牙人将休达从奥斯曼帝国的控制中分裂出来，并将葡萄牙和西班牙的势力渗透进了摩洛哥的沿海地区。渐渐地，葡萄牙人控制了摩洛哥大部分大西洋海岸地区，而留给西班牙的只有地中海沿岸的一些飞地。1492年，西班牙在费迪南德五世和伊莎贝拉一世的统治下，收回了前穆斯林据点格拉纳达。成千上万的西班牙穆斯林和犹太人要么逃到摩洛哥，要么被驱逐到摩洛哥，许多人日后对当地的政府和商业产生了相当大的影响。1578年，摩洛哥人打败了侵略者。到17世纪，摩洛哥人成功地控制了大部分沿海城市。

然而，到19世纪下半叶，摩洛哥变得越来越孱弱和孤立，无法抵御欧洲殖民统治的挑战，也无法成功地捍卫其长期存在的井井有条的社会的历史。1894年，阿卜杜·艾尔·阿齐兹（1894～1908年在位）登上王位，开始大肆挥霍国家钱财。阿齐兹还接受了一笔法国的贷款来解决国家财政问题，这种鲁莽的领导风格使得摩洛哥无力抵挡外国控制。他的兄弟兼继任者穆莱·哈飞德（1908～1912 年在位）于 1908 年推翻了阿齐兹，且在 1912 年被迫与法国签署了保护国条约。该条约赋予法国对摩洛哥外交和国防的控制权，而摩洛哥南部（今天称为西撒哈拉）则被置于西班牙的控制之下。

摩洛哥人民对外国人管理他们的事务感到不安。因此，柏柏尔战士组织发动了一场反抗欧洲殖民统治的战争，直到 1934 年，法国才恢复当地的秩序。法国首任常驻当地的将军利奥泰元帅（1854～1934 年）承认摩洛哥政府并表示摩洛哥文化应该得到尊重。他还确认，让年轻一代参与摩洛哥的现代化是至关重要的，否则，他们会变得沮丧和反叛。

17 在利奥泰之后的常驻将军们并没有对土著文化抱有同样的尊重。他们很快将摩洛哥变成了一个事实上的殖民地，控制了国家事务的方方面面，并排挤了传统的统治阶级。在某种程度上，苏丹的权力被剥夺得所剩无几，以至于他不得不通过阅读法文报纸来了解他自己的土地上发生了什么。可以想见，20 世纪 30 年代在菲斯出现了反对法国殖民主义的独立运动，并在 20 世纪 40 年代蓬勃发展。虽然遭到了暴力和镇压，但这场运动最终在 1956 年 3 月 2 日以摩洛哥赢得独立而告终。1963 年，摩洛哥颁布第一部宪法。宪法保证了基本的民主自由，保障通过选举产生议会，但仍然赋予了国王很大的权力。

后殖民时期的摩洛哥经历了许多变化，遭到了许多挑战。例如，苏丹这一头衔名称被改作国王。在国际舞台上，摩洛哥加入了阿拉伯联盟，并在 1963 年协助成立了非洲统一组织

(现在称为非洲联盟)。此外,尽管存在周期性的外交冲突,摩洛哥仍然保持着与其先前的殖民宗主国法国和西班牙的关系。

虽然有积极的变化,但在20世纪60年代和70年代期间发生了许多政治动荡,还有些人试图政变。1963年的宪法遭到了强烈的反对,尽管后来反对派重新起草了宪法,但这还是迫使国王哈桑二世在1965年宣布国家进入紧急状态并进一步巩固了他的独裁统治。还是在20世纪60年代和70年代,摩洛哥人和阿尔及利亚人在边界问题上大打出手。1975年11月,有关悬而未决的西撒哈拉主权问题的历史性的“绿色进军”运动爆发,摩洛哥宣称对其拥有主权,从而引发了摩洛哥和阿尔及利亚之间的冲突。由于当时波利萨里奥阵线民族主义组织已经准备好了武装对抗,西班牙匆忙将其对西撒哈拉的控制转移到摩洛哥和毛里塔尼亚,以避免一场代价高昂的反殖民战争。西班牙擅自将其前殖民地的主权转移到摩洛哥的方式使阿尔及利亚感到不安,摩洛哥和其近邻之间爆发了一场战争。战争以一项关于全民公决的提议结束,让西撒哈拉人民自主选择独立或成为摩洛哥的一部分。摩洛哥和阿尔及利亚的关系于1988年恢复。

与阿尔及利亚的战争巩固了摩洛哥人的统一。1984年,在摩洛哥举行的议会选举进一步推进了民主化进程,建立了君主立宪制。1998年,社会主义领袖、前流亡法国的异见人士优素福以微弱优势当选为总理。这次选举显示了哈桑二世国王的包容精神,并被作为摩洛哥践行民主的典范而广受欢迎。民众也期待此次选举能进一步促进民主开放。①

18 1999年，穆罕默德·本·哈桑继位，成为国王穆罕默德六世。执政至今的新国王加快了民主化和自由化的步伐。许多流亡在外的持不同政见者被允许返回摩洛哥。2000年，有4万名妇女上街游行，要求增加妇女权利，得到他的支持，这也被看作其奉行开明政策的证据。其实，改革不仅仅停留在政治层面。目前，摩洛哥正在寻求外国投资和经济发展。他们拥有100多家企业，其中包括两家酿酒厂、一家酿酒公司和11家豪华酒店。除伊斯兰教之外，活跃在摩洛哥的主要影响力来自西方文化和经济模式，特别是在城市地区，现代世界已与土著文化交融在一起。政府已经启动了许多政策，旨在提升摩洛哥在全球社会的地位。摩洛哥也与他国签订了贸易协定，用于管理海洋资源，并处理相关方面的争议。摩洛哥也采取一些措施应对现代世界的典型问题，如人口增长、平等权利、识字率、卫生保健等。

文化问题

国王哈桑二世隐晦地将摩洛哥的交融文化遗产描述为树根在非洲，但它的叶子在欧洲的空气中呼吸。如果“树”能够获取现代摩洛哥社会中最有影响力和最持久的发展力量，那么这可能是对社会的一种理想描述。的确，尽管欧洲的文化影响

① 阿布德萨拉姆·M. 马格劳：“阿拉伯世界的去政治化？摩洛哥的去政治化”，登载于《民主学报》第13期，第4卷（2002年10月）：25~32。

依然显著，但穆斯林的意识形态和风俗渗透到了摩洛哥的生活中。伊斯兰思想和世界观支配着数百万摩洛哥人解释现实的方式、了解国家运作的方式、与社会其他成员的联系方式、对事件和变化做出反应的方式以及反思甚至预测他们的未来和国家的未来的方式。

西班牙对摩洛哥北部和南部地区的文化影响仍然相当重要。法国殖民主义的影响在军事、行政和现代经济、政党和政府结构中更加明显。尽管自 1962 年以来，阿拉伯语已被宪法指定为官方语言，但统治精英和商业利益仍在广泛使用法语。

第二章　宗教和世界观

21　在摩洛哥，伊斯兰教宗教理念和世界观渗透到社会秩序的各个方面。伊斯兰的意思是“屈服”，它影响着绝大多数摩洛哥人对社会行动的态度，对现实、政府权力和权威的理解，对人际关系和群体关系的理解，对事件和变化的反应以及他们如何看待和甚至预见他们自己和他们国家的未来。摩洛哥宪法第6条将伊斯兰教确立为国教，将近98.7%的摩洛哥人是穆斯林。其他非主流宗教，如基督教（1.1%）和犹太教（0.2%），在一定程度上被容许。

鉴于伊斯兰教在摩洛哥的主导地位，伊斯兰意识形态结构框架与对世界“自然态度和行为”（的世界观）形成鲜明对照。著名哲学家卡尔·马克思（1818～1883年）曾指出：宗教是“大众的鸦片”。宗教经常被用来满足情感、心理甚至物质需求。它可以用来解释人类的存在，并帮助理解生命的复杂性。摩洛哥人也会求助于宗教来应对安全威胁、矛盾关系、巫术和其他生活苦难的问题，比如失业、贫穷、疾病和死亡。由于人类会遭审判，所以人们会通过规定的仪式并遵循现有的禁忌、规范和价值来寻求解决方法和补救措施。一个民族的世界观或宇宙观决定了该社会行动和行为融合的关键概念。在摩洛哥，和其他社会一样，这些自然的冲动通过社会化这一过程传递给社会的年轻成员。由于个人与社会紧密相连，个人也需要 22
应对他们生活中的挑战，他们会倾向于采用新思想并为传承下来的传统价值观赋予新的含义。这可能会导致新的教义取向的偏差，就像阿拉伯—柏柏尔人一样，自 7 世纪以来，他们被迫重塑他们的信仰体系和仪式实践。为了使摩洛哥的宗教思想和世界观更加易懂，我会在这里介绍一下伊斯兰教的基本教义，因为这些教义是信徒生活的全部意义。在某些地方，这些教义与当地柏柏尔人的信仰体系和实践相重叠。因此，理解这种复杂性，就能完全了解摩洛哥人的世界观。

世界观

在伊斯兰教中，神圣与世俗并无界限。生命的终极要旨是取悦真主（安拉），遵从他的旨意，以期在死后获得奖赏，升入天堂。因为伊斯兰教的神既能感知又能复兴世间万物，尊奉信条和乐善好施就像同一枚硬币的两面。因此，伊斯兰教被公认为是一种全能的宗教。人们对穆斯林的期待是他们以社区为重——也就是说，成为他们的兄弟的守护人。虽然《古兰经》（伊斯兰教的圣书）里并未明文记载，但伊斯兰教五大支柱（五功，天命总纲）对社会的各个方面都产生了巨大的影响，好比《圣经》中的十诫。这些基本的信仰和实践源自《古兰经》及先知穆罕默德的近亲友好记录的有关他的毕生言行（被称为“逊奈”），信徒们尊崇教规，以期得赏升天。《古兰经》根据先知的言行汇编而成，这些有记录的言行被称为圣训。“逊奈”构成了穆斯林行为的基本信条。严格遵守先知传统的穆斯林（包括摩洛哥人）被称为逊尼派教徒。伊斯兰教的另一个主要教派是什叶派（或称阿里什叶派或阿里党），约占当今世界穆斯林人口的15%。[①] 什叶派也遵循先知的传统，但在继承权的问题上与逊尼派看法完全不同。伊斯兰教的五功包括认（念清真言）、礼（每日祈祷）、课（施舍）、斋（禁食）和朝圣（哈吉）。

清真言（萨哈达）的重要性与基督教的使徒信条相似。萨哈达重申真主唯一、与主合一。这也被称作为认主。正如一个伊斯兰主义者所强调的：对于穆斯林来说，真主是“超越了界限和分裂的，没有什么可与真主平起平坐，也没有什么可
23 与真主类似”。[②] 因此，《古兰经》禁止穆斯林为除了真主以外的其他神服务，以防精神道德败坏而蒙羞。信徒们认为先知穆罕默德是真主派来的最后一位使者，也是最杰出的使者，因为真主向他启示圣卷（《古兰经》）。在严格的穆斯林的习俗中，清真言乃是：

> 一个孩童耳朵里听到的第一句话，也是一位垂死之人耳朵里听到的最后一句话。父母在教孩子说话时，父亲可

---

① 这一派别原先是支持阿里（先知穆罕默德的女婿）的一个政治运动，认为其是伊斯兰世界的合法继承人。

② 伊拉·G. 塞普（小）：《穆斯林入门：伊斯兰初学者指南》，第2版（费耶特维尔：阿肯色大学出版社，2000），31。

能会反复念萨哈达：“Allahu Akbar”（真主最大）、“Ashadu anu la Allah ila Allah”（我作证，无一是主，唯有安拉）。①

清真言强调神性一统、真主唯一，是穆斯林每日五次礼拜时的开篇用语。

伊斯兰教的祈祷（萨莱）以背诵“清真言”或“认主”开始。穆斯林有义务在黎明、正午、下午、日落和夜幕的时候背诵他们的祈祷词。在典型的伊斯兰社会，作为穆斯林礼拜场所的清真寺，常常坐落于各社区中的战略要地。就像基督教的周日礼拜一样，穆斯林的“星期五主麻日祈祷”被认为是一种很好的礼拜形式，尽管它并不是强制每个人都必须定期参加。不论礼拜在何地举行，信徒们都被鼓励在一天五次的礼拜仪式上背诵他们的祈祷文。妇女被认为没有必要定期参加清真寺内的礼拜。这是因为男女会众通常被认为是将注意力从神这边分散的源头。星期五的集体礼拜由一位伊玛目带领，礼拜时面朝麦加方向。

斋（禁食）。人们通常在斋月期间行斋戒。斋戒贯穿整个阴历月，历时29天。由于使用阴历的缘故，斋月的具体日期每年不同。这一时期通常被认为是信徒们抵制世俗诱惑的时节。它让穆斯林想起真主对先知穆罕默德启示《古兰经》。所有的穆斯林，除了生病的、年幼的、旅行者和怀孕的妇女，都

① 卡洛林·福伦—洛班：《现实中的伊斯兰社会》，第2版（盖恩斯维尔：佛罗里达大学出版社，2004），35。

应行斋戒，在白天戒绝食物、饮料、烟草和性生活，以此作为促进个人精神自律的方式。每天的斋戒从祈祷开始，通常在日出之前还会准备一顿简餐。日落时分，家庭成员聚在一起，破斋并共进晚餐。这样一来，斋月也成为家庭团聚和献祭的时刻。它号召穆斯林分担困苦人群的负担，并通过虔诚的行为来彰显团结。

24 课，（施舍）是对真主的崇敬，也是服务伊斯兰社群的一种表现。鉴于经济不平等的存在，伊斯兰教要求每一个穆斯林通过慷慨的物质礼物馈赠来帮助穷人、强化信仰。这种宗教性质的课税大约是个人累计资产的2% ~3%，就如同基督教的什一税。最高尚的“课”的形式之一就是暗中给予有需要的人。某些慈善捐赠可以以献给真主的名义来捐赠。在一些伊斯兰国家，“课”已经成为国家强制性的义务救济或“虔诚的捐赠”，并成为一个成功的伊斯兰政府的通用指标，这些国家有沙特阿拉伯、利比亚、科威特、巴林、巴基斯坦、苏丹和伊朗。在过去，摩洛哥的“虔诚的捐赠”基金为孤儿们的割礼仪式提供了资金，为有需要的人提供了衣服和食物，为穷人和陌生人的葬礼支付了费用，并为无力负担婚姻的人提供了资金。今天，这种制度主要致力于提供并维护该国的宗教基础设施。

斋月庆典之后，在伊历 12 月 8 日 ~13 日，一年一度前往圣地（沙特阿拉伯麦加和麦地那）的朝圣就开始了。信徒们认为，在他们的一生中，只要能够负担得起旅费，就有义务去麦加朝圣至少一次。在麦加朝觐的中心是克尔白——一个小小的石头建筑，上面有天使加百利送给亚伯拉罕的黑色石头。克尔白象征着上帝与亚伯拉罕的儿子以实玛利的盟约，而以实玛利被认为是阿拉伯各族（甚至是全穆斯林）的祖先。在圣迹的男性朝圣者必须穿着一件无缝的白色服装。像每天的祈祷一样，朝圣开始于念清真言，继而背诵道：“我在这里，听命于真主您，您是独一无二的！”随后，朝圣者进入克尔白——相当于希伯来人的圣所或基督徒的神龛。虽然黑石并不是崇拜的对象，但在克尔白的朝圣者们会像先知穆罕默德一样触摸或亲吻黑石，并绕石七周。在整个朝圣期间，朝圣者也必须戒绝性生活。其他活动包括：用石头做三根象征邪恶和撒旦的柱子、参观阿拉法特平原。在阿拉法特平原，他们站在真主面前，祈求真主保佑所有的穆斯林。在第三天，所有的朝圣者都会献上公羊、绵羊或山羊作为祭品，以此纪念亚伯拉罕无私地将他唯一的儿子——以撒奉献给神。世界各地的穆斯林都通过献祭自己的动物参加这个被称作“盛宴”的庆典，即宰牲节（献祭节）。从朝圣归来的男人被称为哈吉，女人被称为哈加。伴随这些头衔而来的是对更高道德行为的期望，它要求这些人践行公平、尊重和诚实。此外，还禁止通奸、赌博、放高利贷、饮 25
血、饮酒和吃猪肉。穆斯林认为，参与朝圣仪式有助于抚平精神创伤，获得情感上的新生。

“圣战”，阿拉伯语里表示“奋斗”或“斗争”，虽然不是五大支柱之一，但现在有一些穆斯林认为它是伊斯兰教的“第六支柱”。圣战的本质是穆斯林必须大力促进其宗教事业。这应该通过口头劝说、模范工作、个人精神力量展示以及在必要时通过战争来完成。在这种情况下，战争变成了一种神圣的义务，那些死于圣战的人——殉道者因其忠于信仰而可升入天堂。在现实中，真正的圣战很少有正当的理由，因为穆斯林派系经常发动战争来获取既得利益。

一般来说，《古兰经》，如同《圣经》，告诉人们存在守护天使、复活和死后的生命、天堂和地狱。伊斯兰教教义教导信徒要尊重并善待他们的父母，避免通奸。穆斯林也被告诫不要贪心、戒绝谋杀，尽管后者在有正当理由时可被允许。在商业上，穆斯林必须用公平的称，必须足量、够重。根据先知的教导，一个真正的信徒对他人所做的事必须是他渴望别人对他做的，这也是金科玉律。在伊斯兰教中，财富不是通过高利贷、赌博、卖淫和其他类似的恶习积累起来的。贫穷被看作是恶魔在使坏。此外，对穆斯林兄弟的奴役是被禁止的，同样，淫欲、同性恋、偶像崇拜和妇女着装不端也不允许。此外，饮酒、赌博、自杀、饮食猪肉或其他不符合穆斯林宗教仪式宰杀的动物也不被允许。

以上是对伊斯兰教的本质和世界观的概述。尽管各地的穆斯林普遍认为先知穆罕默德的教义是神圣的，但在个人、教派和国家之间的这些教义的实际观察中存在差异。这些分歧反映了世界各地不同穆斯林社区的当地文化和历史因素的影响。在摩洛哥，前伊斯兰教时期土著柏柏尔人的信仰体系和习俗与伊斯兰教的信条融合在一起，在今天的实践中产生了一个独特的伊斯兰教。

本土宗教及其沿革

尽管许多土著柏柏尔人的文化和信仰体系已与阿拉伯伊斯兰文化和历史交织在一起，但人们还是能够发现当地习俗的残余。公元7世纪，阿拉伯人征服摩洛哥，随后当地的柏柏尔人皈依伊斯兰教，这个过程并没有完全破坏当地的文化。这很大程度上也是因为大多数入侵的阿拉伯人待在相对富饶的沿海城市，而本土的柏柏尔人则继续以他们平常的生活方式生活在草原、利夫山区、阿特拉斯山脉中西部地区、撒哈拉沙漠的绿洲和其他交通不便的地区。即使是经过通婚、系统性的阿拉伯化和施行中央权力等方式经历了几个世纪的同化，当地宗教和帝国宗教之间的差异仍然存在弹性空间。在以阿拉伯城市居民为主的地区和以柏柏尔农村居民为主的地区之间，伊斯兰教流派的差异渐为明显。然而，学者们对了解前伊斯兰教时期的柏柏尔人土著宗教几乎没有兴趣。另有阻碍研究的问题之一便是缺乏一种前伊斯兰时期的本土写作文化，不然柏柏尔文化就会被保留下来。即使引入了阿拉伯语和西方的写作形式，早期的外国学者——也常常是今天名誉扫地的“含米特假说”的倡导者——系统性地贬低非洲的历史和文化成就，将非洲大陆上发现的每一个重要的文化元素都归结于外来影响。[①] 柏柏尔人在经历了最初的反抗之后，戏剧性地、狂热地接受了伊斯兰教，这也无助于实事求是地保存有关其宗教传统的叙述。伊斯兰教的神战胜了柏柏尔人先祖的神，柏柏尔人对伊斯兰教的反应可能就来源于这场危机。柏柏尔人显然将这个成功的外来宗教视为一种现成的武器，可以用它来纠正社会政治秩序，以此给他

① 一直到最近，字母运算假设的主要内容仍是认为非洲黑人是无法自行取得成就的。根据这一观点，非洲所见的文化、技术和科学发展都是由其他非黑人带来的。

们带来好处。对比摩洛哥城市和农村伊斯兰教习俗，可以看出一些差异。

在城市里，宗教仪式遵循更为严格的伊斯兰传统，通常与许多阿拉伯国家联系在一起。例如，限制女权运动和女性着装，尽管这些限制似乎随着时间的推移而减少。随着受过教育的城市精英在现代工业和其他西方机构中谋得职业，越来越世俗成为大势所趋。[①] 尽管许多虔诚的穆斯林仍然生活在城市里，但新兴的西化职业阶层正在逐渐放弃严格遵守宗教义务。

在柏柏尔文化主导的乡村地区，伊斯兰教与当地习俗混在一起，形成了一种独特的融合，其中既有古兰经的习俗，也包括了“前伊斯兰”习俗，包括兄弟情谊（复数为 agurramen）、对当地圣徒的崇拜、相信有精灵和邪恶的眼睛的存在以及其他非正统的宗教仪式。由于远离主流伊斯兰教和政治权力等公共
27 习俗，妇女特别热衷这些融合的文化传统，也据此继续将其传递给其家庭的年轻一代。

在前伊斯兰柏柏尔社会中，宗教遵循了大多数非洲社会普遍存在的一种模式。传统的非洲宗教习俗通常以信仰灵魂、神灵和上帝为特征，这些信仰要求履行必要的仪式、祭祀、年度典礼和其他活动。同样，柏柏尔人相信存在着一种叫作精灵的特殊群体，它的超自然力量可以用于仁慈或恶意的目的。在这种情况下，人们通过魔法咒语、请愿书、祭品、动物祭祀，并使用被认为有特殊神圣性的物品，如火药、铁和盐，从邪恶的

---

① 马文·希斯凯特：《伊斯兰在非洲的进程》（爱丁堡：爱丁堡大学出版社，1994），2。

精灵那里寻求保护。

有关北非的柏柏尔人对精灵信仰的起源尚无准确资料。然而清楚的是，这一传统的发展并未受到像前伊斯兰阿拉伯信仰的影响。前伊斯兰阿拉伯信仰相信魂灵的存在，这种信仰渗透到了伊斯兰教中，从632年影响到现在。在柏柏尔语和阿拉伯语中神灵的名字有相似之处，这可能归因于长久以来北非人与其中东邻居存在着跨文化交流。同样，柏柏尔人的习惯在很大程度上与在前殖民时期的几内亚、马里、苏丹和尼日利亚的哈萨雷有类似之处。古代柏柏尔人通常把西非人称为几内亚人。几内亚人擅长驱魔，因此在北非特别有知名度。

在摩洛哥，人们对神灵的信仰遍及生活的各个方面。精灵 28
可存在于任何可想到的空间里，如地下洞穴、山脉、山谷、山丘、空气、河流、海洋、树木，等等。最常见的信念是撒旦，是恶灵的首领。然而，相信撒旦存在，在人们心中并不比调皮的魔鬼更恐怖，即便这些魔鬼并不比撒旦常见。

许多历史学家今天知道关于土著柏柏尔宗教传统得归功于瑞典学者爱德华·韦斯特马克，他是1900年代早期人类学研究的先驱，其研究至今仍然是一盏指路明灯。[①] 根据他的作品，在摩洛哥的精灵中，最著名的是艾依撒·坎戴撒。这个神灵与东方派生出的神灵有显著差异。坎戴撒的一个突出特点是她的性欲。她生活在河流、泉水或大海中，被认为是古老的爱之女神，类似于摩尔人中声名狼藉的杰尼亚。在利夫地区和杜

① 爱德华·韦斯特马克：《摩洛哥的灵魂信仰》（阿波，芬兰：阿波学院出版社，1920年）。这份材料为前述当地柏柏尔人的宗教习俗提供了素材。

卡拉，坐落在奥姆—厄博格河（Omm-Erbegh）的河岸上，民间传说中有关于男人和女性精灵结婚和性交的故事。

在柏柏尔的民间传说中，据说精灵除了没有身体外，其他各方面都和人类一样。他们可以随时进入任何地方，他们说话的声音很轻。这些精灵可能有不同的形态，包括怪物、黑人、石头和动物形状，如山羊、绵羊、青蛙、乌龟和狗。在摩洛哥南部平原上经常经过的沙尘柱被认为是邪恶精灵的杰作。如果一个人在黑暗中跌倒，人们相信他或她踩在了一个精灵身上。最近，人们背诵“奉普慈特慈的安拉尊名”这一熟悉的短句来阻止危险的邪恶生灵。在利夫山脉的安吉拉地区，人们认为邪灵驱使杀人犯谋害他人。时至今日，仍有一些人认为，抽搐、癫痫、麻痹偏瘫等暴疾以及诸如霍乱、麻疹之类的精神疾病或传染病，都是恶灵的杰作。

韦斯特马克的人类学研究进一步揭示了邪恶的精灵被认为是巫术的始作俑者，这种信仰普遍存在于撒哈拉以南非洲的大部分地区。其中一个例子是，精灵的力量可以被敌人利用，制造家人、朋友或同事不和。这种巫术的做法是：杀死一只黑母鸡，用剃刀剃除它头上的毛。在母鸡的头上，用它自己的血写着一个含有精灵名字的咒语。随后，鸡头部被扔进对方的房子或工作场所。人们相信，在三天内，在仪式中被调用的恶灵会将目标个体或群体彼此对立起来。[1]

---

① 爱德华·韦斯特马克：《摩洛哥的灵魂信仰》（阿波，芬兰：阿波学院出版社，1920 年）。这份材料为前述当地柏柏尔人的宗教习俗提供了素材，115～116。

在传统的非洲世界观中，人类和灵魂共享一个共同的空间，很自然，男人和女人找到了保护自己和财产免受恶魔攻击的方法。为了防止受到邪恶精灵的攻击，人们发明了各种方法，包括燃烧蜡烛、把盐放在枕头里面或放在枕头下面以及用铁、钢、银和黄铜制成护身符。今天，在摩洛哥，背诵《古兰经》的经文已经成为对抗恶魔攻击最有效的武器之一。这一做法体现了伊斯兰教与土著文化之间的相互融合。 29

相信精灵的存在也与惧怕“邪恶之眼”密切相关。他们所带来的邪恶与先前提到的大体相当，对于暴露在他们眼前的人以及对他们不利的咒语尤甚。正如另一个人类学研究表明，邪恶之眼源自人们相信人可以在其意念中孕育邪恶并加害于人，即通过恶灵加害于对象并给邪恶之眼诅咒之人或事物带来灾祸。[1]在菲斯，《古兰经》的某些章节被认为是驱逐邪恶之眼的保护伞。这再次显示了伊斯兰仪式与土著习俗上的重叠以及这种融合如何在摩洛哥产生了一种独特的伊斯兰形式。

然而，人与神灵之间的关系有时是令人愉悦的。人们相信，拥有权力的人可以让神灵为自己的目的服务。例如，在苏斯地区，包括首府阿加迪尔，人们相信圣人们使用了《古兰经》中文字的力量来操纵精灵。有人相信某些圣人拥有不用钥匙就能打开一扇关闭的大门的力量。与非洲传统宗教中的占卜相似，一些来自苏斯的魔术师被认为在精灵的帮助下发现了埋藏的宝藏。这种占卜活动也可以用来逮捕罪犯、获取失踪的

---

① M. W. 希尔顿—辛普森：“奥里山的沙维亚柏柏尔人和他们的游牧邻居的一些迷信”，登载于《民间传说》第 26 期（1915）：228～234。

家庭成员的消息，或者询问一个生病在家的人的命运。根据一项详细的研究，在收获季节，农民们会用献祭的方式邀请精灵，请他们为自己的谷物播撒特殊的神圣性。例如，在阿格鲁，收获过程可能包括农民屠宰一只羊，以此增加他谷物中所含的神圣性。动物祭祀是为了向打谷场的主人表达敬意，人们会这样对他说："打谷场的主人，请看这里，我们为你宰杀牲畜"。[①]

上述解释说明了大多数非洲土著社会中在宗教方面惊人的相似性。柏柏尔人像其他非洲民族一样，是群居的；家庭通常实行财产共有，个人可以在一定的目的上召唤其同胞，请其帮忙参与劳动，例如建造房屋、开垦农田等。社区经常为穷人提
30 供食物。针对利夫地区的两个柏柏尔人社区——艾斯·瓦雅嘎和伊布库耶，人们曾做过一项深入研究，研究表明社区中每个人都属于一个集体，这造就了他或她对集体的忠诚；与此同时，每个人都是自主的，寻求最大化的选择。生命中每一个事件都受制于"如果真主愿意"这一条件。正如这项研究进一步解释的那样，其潜在信条是"确定性"只能由上帝控制，而非人类控制。[②]

伊斯兰教和社会变革

总的来说，伊斯兰教保留了前伊斯兰时期阿拉伯人信仰某

① 韦斯特马克：《摩洛哥的灵魂信仰》，118。

② 罗杰·约瑟夫和泰利·布林特·约瑟夫：《玫瑰与刺：摩洛哥的符号结构》（图森：亚利桑那大学出版社，1987），13～17。另外参见大卫·蒙特格梅里·哈特：《摩洛哥民族志与历史》（图森：亚利桑那大学出版社，1978）。

些小神灵的某些方面。先知穆罕默德承认这些神在古代麦加社会的存在，但将他们归为恶魔。显然，仁慈的精神被融入了伊斯兰世界，而恶毒的元素则被归类为安拉的对立面。因此，《古兰经》是他们活动的强力解毒剂。在伊斯兰教传入几个世纪后，柏柏尔人保留了他们文化中的某些元素，尽管这些习俗历经重塑并被赋予了新的含义。

柏柏尔文化在仪式和象征意义上错综复杂。柏柏尔人面对严酷、半干旱和多山环境的挑战，依靠自然的仪式生存，并给日常生活赋予意义。因此，尽管柏柏尔人认同伊斯兰教，但他们并没有严格遵守教义的规定。在斋月禁食的月份里，找到一个无法抗拒白天大餐或沉溺于酒精的柏柏尔人并不罕见。柏柏尔人更愿意献身于圣徒崇拜，在死去的圣人坟墓周围建立社区是很常见的。摩洛哥几乎每一个村庄都有它的圣人或先知，关于其亲属的圣洁性和权力的争论有时会引发村际冲突。

圣人

有两个事情是紧密关联的，一是相信神灵存在，另一个是个体受到神的祝福或被赋予神圣性。在这种宇宙论中，人们相信圣人既能控制好的神灵，也能控制坏的神灵，他们帮助圣人施展其神迹。在这样的背景下，神灵就像圣人的仆人，也是一个活人。一项关于民间宗教的详细研究表明，摩洛哥宗教中的圣人的概念与欧洲基督教的概念相似。对当地圣人的宗教崇敬往往在他们死后达到顶峰。所有与他们有关的遗迹，包括他们
的坟墓，都被提升到同样神圣的地位。当地人认为这些圣人是 31
他们的保护神，给他们护卫。因此，对于遭受各种形式的苦难

和悲剧的个人来说，比如家庭中突然频繁的死亡、土地荒芜和失业，很常见的做法便是去拜访当地圣人的坟墓，要求得到他们的特殊祝福和调解。[1]

大多数街区和社区都有不同的守护神。比如，在菲斯和梅克内斯最受欢迎的圣人分别是穆莱·伊德里斯和希迪西迪·穆罕默德·本·伊萨。有时，城市移民和当地的圣人一起来到他们寄宿的社区；另一些人只是简单地加入一个新的帮派，或是复兴一个弱的派别，在卡萨布兰卡就有这种例子，越来越多的棚户区和郊区已经吸收了农村社区和他们的守护神。

在没有受过教育的人中间，特别是农村和城市的穷人以及许多城市中产阶级妇女中，对圣人的尊敬是普遍存在的。在城市中，神圣的崇拜早已衰落，可能是因为西方教育和影响力的日益增强、生活的普遍世俗化以及具有改革意识的城市居民对正统观念有更强的倾向。

政府对圣人崇拜的态度可谓仁慈宽容。例如，在 20 世纪 60 年代末，国王哈桑二世把他父亲穆罕默德五世的坟墓变成
32 了摩洛哥最具象征意义的权力和神圣崇拜场所之一。按照现在的统治王朝阿拉维派的说法，这种象征主义是由从先知穆罕默德的血统继承而来的。

同样，其他重要圣人的后代经常凭借他们是圣祖的后代这一事实来获取特权。具有这些血统的人，可能是坟墓的看护者或是神殿的管理人，他们从朝圣者和信徒那里得到捐赠。多年

① 理查德·F. 尼洛普等，《区域手册：摩洛哥》（华盛顿特区：美国政府印刷局，1972），91。

来，传统的麦加朝圣观在大众流行文化中被广泛地重新诠释，朝拜圣人的神龛也成为朝圣的一部分。利夫山脉的一些柏柏尔—阿拉伯人认为去菲斯的穆莱·伊德里斯神庙朝圣七次等同于去麦加朝圣一次。

对圣徒的信仰在摩洛哥尚存的兄弟情谊中被制度化。在传统的柏柏尔社会中，兄弟关系网是所有那些对某位守护神忠诚的人的身份象征。作为大众文化的一个方面，这些兄弟会的领导人享有巨大的政治和宗教影响力。

兄弟情谊关系网

虔诚的人或圣人之间的兄弟情谊关系网已经发展成为摩洛哥伊斯兰教的重要组成部分。这些圣人被称为苏菲，显然是因为他们经常穿着羊毛服装。9 世纪和 10 世纪，著名的苏菲派领袖崛起。他们凭借其教导、凭借其具备治疗癫痫等疾病的能力、凭借其能够驱除恶魔附体的能力，吸引了许多追随者。他们过着简单的生活，很容易让穷人产生认同感。在摩洛哥，苏菲派很快流行起来，因为它很容易适应当地柏柏尔人传统的某些方面。作为古老的神秘秩序的领袖，他们支持柏柏尔人同胞转变观念。由此，信仰的堕落腐化似乎已不可避免。通过保留土著信仰体系和实践的要素，原本宣扬的伊斯兰教义已经转向伊斯兰神秘主义路线。在北非和苏丹西部，这些兄弟们在当地的圣人或大师中建立了他们的忠诚，而这些圣人或大师被认为是神选择的向导，为人们“指路”。

随着伊斯兰教在兄弟们之间传播，其团结当地精英权威的能力不断增强，其信徒试图通过他们的精神导师或指导来赢得上帝的支持。类似于天主教中对圣人的崇敬，摩洛哥的穆斯林相信，通过接触具有神性圣洁（巴拉卡）的个人和物品可以获得神圣的恩典。尽管这种信仰形式与正统伊斯兰教有冲突，
33 但改革派的伊斯兰教教师别无选择，只能迁就他们。今天，在摩洛哥，旧式的兄弟组织体系继续存在，尽管人们试图将它与信仰分离。人们遇到危机时会向这种组织体系寻求答案，使得它们特别成功且具有社会效用。因此，这些规则在摩洛哥产生了重要的政治影响。

宗教和政治

伊斯兰教不赞成非穆斯林对信徒群体进行统治。在摩洛哥，和其他伊斯兰国家一样，政治领袖也必须能够领导信徒。《古兰经》规定了个人、国家和社会在上帝的全能意志下的统一。伊斯兰统治者既行使世俗权威，也行使宗教权威。西方的政教分离观念似乎是不理性的。像摩洛哥这样的伊斯兰国家理论上被划分为三个领域。所有的穆斯林共同构成伊斯兰教的基石。圣书里的信徒——其他神启一神论宗教、犹太教和基督教的信徒——被允许作为“受保护的人”来践行他们的宗教。多神论者被认为是黑暗中需要救赎的人。因此，人们被划分为公民（穆斯林）或臣民（非穆斯林）。这样的划分对应着全部的权力和特权。

为了获得合法性，伊斯兰社会的领导人必须展示神圣性和领导魅力。人们相信领袖会将这种祝福传递给人们和他接触的对象。人们普遍认为，亲近神圣或祝福是家庭运作的规范之

一，这也就是为什么大多数伊斯兰国家的政体都是君主制。显然，先知穆罕默德是最有魅力、最神圣的。因此，他的后裔受到高度尊重，因为他们被认为继承了伊斯兰伟大先知的许多神圣的祝福。在过去，一些柏柏尔人可能是早期阿拉伯人的后裔，他们试图以不同程度的成功来强调他们的神圣性及其先知后裔的属性。摩洛哥王室宣称是先知穆罕默德的后裔，这让国王穆罕默德六世获得了他的人民的无上尊重、权威和合法性。

同样的，在以柏柏尔人为主的各个地区，神圣和魅力同样是领导力和合法性的重要来源。被赋予了伟大圣洁的人才能被尊视为社会的领袖。通常，穆斯林僧侣、隐士或圣人，特别是 34
那些被认为具有非凡精神力量的人，公开反对苏丹的权威，但这些地方领导人仍然认可他们国王和国家领导人至高无上的神之祝福。

虽然伊斯兰教思想支配着摩洛哥生活的各个方面，但犹太教和基督教的教义也被认为是穆斯林信仰的基础。因此，我们必须简要地了解绝大多数穆斯林（98.7%）和少数民族宗教（基督教和犹太教，共占总人口的1.3%）之间力量关系的本质。

基督教

基督教作为一神论的宗教，在伊斯兰信仰体系和实践中占了重要地位。在伊斯兰教之前，罗马人以及后来的拜占庭人，在今天的摩洛哥地区引入了基督教。德国日耳曼汪达尔人在430年统治了北非地区。他们竭尽全力消灭摩洛哥的基督教传统。[1] 汪达尔人迫害天主教徒，摧毁了他们的教堂。他们支持犹太人，并给予他们宗教言论自由。553 年，拜占庭人击败了汪达尔人，并试图恢复摩洛哥天主教会的权威。这一努力遭到了柏柏尔人的漠视，因此直到 7 世纪阿拉伯人到来时，都没取得多少成功。

今天，摩洛哥的基督教主要是法国、西班牙和其他欧洲定居者或移民的宗教。大约 35 万名基督徒住在摩洛哥，包括外国人和当地人。在过去的 20 年里，只有非常少的新皈依者通过外国传教士的活动入教，特别是通过那些在 19 世纪在摩洛哥建立的罗马天主教会。罗马天主教的主教教区位于国家首都拉巴特和最北部城市丹吉尔，那一带与欧洲接触颇久。卡萨布兰卡和菲斯也有很多基督徒聚集。当地政府和媒体并不热衷于复兴摩洛哥的基督教信仰，但他们鼓励建立西式学校、医院、药房和其他机构。

一般来说，占少数人的基督徒被视为二等公民，这种社会分层的结果是机会受限。例如，尽管目前没有法律允许雇主知道雇员的宗教背景并将其作为就业的条件，但一些雇主还是试图歧视他们的非穆斯林雇员。就机会而言，大多数进入私人企业的基督徒都无法获得急需的资金。一些基督教社区也是最可悲的贫民窟。由于这种边缘化，年轻的基督徒被迫迁移到大城
35 市或海外寻找更好的机会。所有这些问题结合在一起，阻碍了

---

① 汪达尔人是由汪达尔人、西哥特人、东哥特人、伦巴第人和勃艮第人组成的东德民族之一。他们在其领袖盖塞里克领导下灭亡了罗马帝国。盖塞里克统治于 428 ~ 477 年。

当地教会的发展。因此，现代摩洛哥的基督教被限制在欧洲移民身上，尽管他们在现代经济中具有战略重要性，但理论上被认为是“受保护的人”。

犹太教

犹太教、伊斯兰教和基督教都是一神教。摩洛哥犹太人形成了阿拉伯世界最大的犹太社区。尽管最早的证据显示，早在公元 2 世纪的墓碑上就已有关于犹太人在摩洛哥北部的记载，但犹太人在摩洛哥的存在一直是争论的焦点。许多犹太人从地中海沿岸的迦太基（突尼斯）搬到摩洛哥。另一些人则来自今天的利比亚。他们没费多大工夫便与阿尔及利亚及摩洛哥山脉和绿洲中的柏柏尔人融合在一起。

在公元 6 世纪和 7 世纪的大征服时期，由于西班牙犹太人的归入和柏柏尔部落的大规模皈依，摩洛哥犹太社区的数量增加了。到 20 世纪 40 年代末以色列建国之时，有大约 7 万名犹太人居住在摩洛哥庞大的犹太社区里。以色列建国以及 20 世纪 50 年代和 60 年代的阿以战争，迫使大批犹太人离开摩洛哥。

尽管总是服从于苏丹或摩洛哥国王的权威，但犹太人在当地社区和机构，包括拉比法庭，享有行政自主权。在涉及犹太人和穆斯林之间的法律争端的案件中有例外情况，在这种情况下，伊斯兰司法法典优先。在摩洛哥，权力甚大的大拉比和拉比法官，被称为“达雅”。他们既是精神领袖，也是司法领导人。

在过去的几个世纪里，摩洛哥犹太人，像他们的柏柏尔—阿拉伯穆斯林同胞一样，已经形成了一种仪式和朝圣圣人之墓的传统。在摩洛哥各地，穆斯林当局承认了大约 13 个这样的场所。每年在指定的日期，来自世界各地的犹太人（包括以色列）来访这些坟墓。以色列阿布—哈西拉是一名虔诚的摩洛哥裔犹太拉比，他的坟墓吸引了最多的朝圣者。

犹太社区在其历史上经历了一场深刻的变化。摩洛哥阿尔穆哈德王朝早期（1150 年之前），相对前王朝的暴政，犹太人
36 获得了相对自由。到阿尔穆哈德王朝统治者阿布·优素福·阿尔·曼苏尔（1184～1199 年）上台之后，又掀起了对犹太人的压迫和迫害。尽管如此，犹太人和穆斯林之间的关系仍然相对友好，尽管偶尔会出现紧张局势。

今天，生活在摩洛哥的犹太人受到了公平的对待，尽管他们的政治地位一直备受争议。这种情况表明了现代摩洛哥犹太社区潜在的、根本的变化。例如，传统的犹太家庭叫作梅拉，它们已经几乎消失了。年轻一代的犹太人很少考虑在摩洛哥生活，因为他们的地位较低，机会有限。卡萨布兰卡、菲斯、马拉喀什、拉巴特和丹吉尔仍然有犹太教堂、养老院和犹太餐馆，但看起来未来在摩洛哥也不会有大量犹太人存在。考虑到最近在世界范围内伊斯兰武装力量的增加，这一点更是如此。2003 年 5 月 16 日，在卡萨布兰卡的 4 个犹太目标遭到自杀式袭击，这无助于向摩洛哥犹太人保证他们在这个北非地区是安全的。[①]

---

① 恐怖袭击导致 28 名路人和 13 名自杀式炸弹袭击者丧生。据信，这些人与 2001 年 9 月 11 日袭击世贸中心和五角大楼的主谋奥萨马·本·拉登有关。摩洛哥袭击事件中没有犹太人伤亡，因为袭击发生在犹太人节日期间，当时建筑空无一人。

一般来说，摩洛哥的伊斯兰思想和世界观的主导地位是历史、环境、政府和社会的产物。几个世纪以来，伊斯兰教与当地柏柏尔人的信仰体系以及伊斯兰教前基督教和犹太教的元素相互作用，这些都是今天在实践中产生的伊斯兰教的独特形式。虽然阿拉伯人和柏柏尔人深刻地伊斯兰化，但后者的普遍社会组织并没有反映出正统伊斯兰教所设想的团结。从某种意义上说，宗教在很大程度上是个人的自然且不可分割的一部分，而不是群体的一部分。柏柏尔人和阿拉伯人都保留和修改了圣人、兄弟、神灵以及与其相关的仪式和信仰。这些都为穆斯林神职人员和受过西方教育的精英崇拜抹上了一层颜色。后者似乎更同情那些与他们有共同商业利益的基督徒和犹太人。在摩洛哥，伊斯兰教确实兼顾《古兰经》和道德原则，其首要信仰包括对精灵的信仰、对邪恶之眼的信仰、为保证好运的仪式、践行圣徒传记以及日益增长的全球化文化。

第三章　文学与媒体

鸡尾酒会冲击着我们的节日风俗；

外来习俗侵占了思想和家园。[①]

——穆罕默德·阿布—塔里布，2003 年。

39 通过探索北非伊斯兰文化、犹太文化、阿拉伯文化和欧洲习俗等多元文化，摩洛哥人创造了令人叹为观止的文学成就。2003 年，重印版的穆罕默德·阿布—塔里布（1917～2000 年）的诗歌恰如其分地捕捉到了法国殖民主义（1912～1956 年）强压下顽强不屈的柏柏尔—阿拉伯文化背景。在欧洲人到来之前，阿拉伯文学在摩洛哥蓬勃发展。好些世界级作家和诗人都曾住在丹吉尔、菲斯和卡萨布兰卡等国际大都市和历史名城，使其名声大噪。这些人的作品表达了对世界的普遍共识。许多学者在阿拉伯文学领域找到了自己的一片天地，发掘

① 穆罕默德·阿布—塔里布：“为先知干杯”，载于理查德·S. 哈雷尔、威廉·S. 卡罗尔和穆罕默德·阿布—塔里布编辑《摩洛哥阿拉伯语基础课程》，（华盛顿特区：乔治城大学出版社，2003）。

出了丰富的柏柏尔—阿拉伯人的口述传统。欧洲殖民主义来到非洲大陆，为文学带来了新的维度。对摩洛哥人来说，识字也意味着学习用法语阅读和写作，但他们没有放弃他们的伊斯兰传统。相反，旧秩序逐渐寻求与新秩序的和解。在殖民中期（1920～1939 年）——特别是从 20 世纪 30 年代开始——摩洛哥诗人和作家，开始用法语写作，后来也用英语写作，以此显示他们的精神力量已经发展到重新发现这个国家在文学界的地位的程度。

由于殖民当局官僚机构和教会学校的管制升级，摩洛哥人
迅速掌握了白人教育的精髓，将他们新近获得的知识变成了反
对殖民主义的武器。这些受过教育的新精英阶层创办了民族主
义报纸，他们认为这些报纸在把他们的意识形态传达给那些失 40
利群体时是至关重要的，因为他们的支持对实现独立这一最终
目标很重要。1956 年独立后，随着越来越多的日报、周报、
杂志、期刊、广播和电视台的建立，媒体也不断扩充。1993
年，著名诗人、散文家和小说家阿卜杜哈克·瑟哈内的《迷
茫者的太阳》获得了阿拉伯世界的法文奖，这是阿拉伯世界
最负盛名的文学奖。该奖项标志着摩洛哥文学卓越历史得以重
现。摩洛哥文学曾在梅尼德（1146～1546 年）和瓦塔西
（1465～1546 年）王朝时期达到巅峰。

为了更好地了解摩洛哥丰富多样的文学环境，探究一下摩洛哥阿拉伯语、古典阿拉伯语、法语和英语的文学作品是很重要的。摩洛哥阿拉伯语发展出一套自己的使用标准、用词、字母和发音，在摩洛哥以外很少有人使用。这种正字法已成为教育、社会化、历史保护、学术探究和文化民族主义的媒介。新

一代才俊创造并再生了新旧思想，还有一些人用摩洛哥阿拉伯语出版给特定的当地读者，这都使得口头文学中的传统得以保留下来。古典阿拉伯语文献在摩洛哥仍占据重要地位，这些文献是由一套由 28 个字母组成的字母体系书写的，与罗马字母不同。同时，用法语和英语创作的能力已经使一些摩洛哥作家赢得了国际赞誉，因为他们的作品现在更容易获得国际读者的欢迎。早期，西方学者和作家，如让—克劳德·布拉舍、哈密尔顿·A. 吉伯、厄涅斯特·吉尔纳、克利福德·吉尔茨，尤其是保罗·鲍尔斯（他们在丹吉尔居住了很多年），帮助将阿拉伯文学传统带给了西方读者。[①] 在摩洛哥，最流行的文学和电视剧都是古典阿拉伯语或摩洛哥阿拉伯语，这样做的原因是人们更容易成功地用大家耳熟能详的语言来表达幽默。摩洛哥阿拉伯语是阿拉伯语和各种土著柏柏尔方言融合而成的。新一代的北非作家现在用某一种语言写作，然后把他们的作品翻译成另一种或多种语言，以满足当地和国际市场的需求。从一种语言转变为另一种语言的能力使摩洛哥丰富的土著口头文学容易获得国际读者。

口头文学

41 正如一位作家所言，“民间传说使过去得以延续。”[②] 北非

① 要深入了解专门研究阿拉伯语的西方人的作品，请参见罗杰·艾伦：《阿拉伯文学遗产：流派与批评的发展》（剑桥：剑桥大学出版社，1998）。

② 阿瑟·帕尔默·哈德森：《民间传说使过去生生不息》，（雅典：佐治亚大学出版社，1962）。

阿拉伯人的文化传统中这种创造性的口头文学很丰富。尽管在殖民过程中遭到毁灭性的打击，但土著民俗学还是幸存了下来。摩洛哥的民间传说因地区而异，每个地方都有独特的故事。摩洛哥一年一度的马拉喀什节仍然是文学和传统的盛宴。

虽然口头文学并不像书面作品那么普遍，但讲故事仍然是摩洛哥最常见的教育和娱乐形式之一。一些学者通过对摩洛哥特定口头文学和马格里布一般性口头文学的研究，认为母亲在讲故事和传播文化给年轻一代的作用至关重要。通过夜晚的家庭故事，摩洛哥妇女帮助塑造了现代文学作品中经常出现的形象。[①] 就在20世纪70年代和80年代，在电视普及之前，专业的流动故事讲述者（流动艺人）经常光顾摩洛哥的开放市场，通过敲鼓来吸引听众。在“马拉喀什之声”里，一位目击者生动描述了20世纪70年代的摩洛哥是怎么讲故事的。据描述，讲故事的人通常会在非正式的公众集会上吸引大量听众。人们聚集在他们周围，从不急于离开。

> 他们的表演颇为漫长：内圈的听众蹲在地上……其他人站立着，形成了外圈；他们几乎不动，被讲故事的人的语言和手势所吸引。有时两人轮流背诵。比起普通人，他们的声音悠远，回荡空中……为了配合他们的故事，讲故

① 佐拉·梅兹格尔迪：“摩洛哥人写作中的母语与法语”，载《非洲文学研究》第27卷，第3期（1996年秋）：1～14；海蒂·阿布戴尔—兆德：“对儿子们投入太多：母亲与法语—马格里布写作中的不可能的融合”，载《非洲文学研究》第27卷，第3期（1996年秋）：15～33。

> 事的人穿着夸张的衣服。他们的穿着总是不同于他们的听众……他们给人的印象是地位显赫，而又有些童话人物的感觉。他们很少注视周围的人。他们的目光盯着他们的英雄，他们的角色。[①]

这段文字描述了讲故事的人的专业知识和智力，他们有足够的天赋来让观众着迷几个小时。他们精心选择自己的故事，仔细编排情节，让听众产生兴趣并始终保持着好奇心。如果对这位讲故事的人的表演感到满意的话，听者不仅会想听完整个故事，而且还想择日再遇见他。一个故事的内容和背景可以由专业的艺人改变或修改，以反映当前的问题或传授道德，以满足听众的需求。

42 故事讲述者利用他的声望和专业知识来获得最大的回报，通常在他的故事开始之前，要求他的听众提供某种形式的金钱“投入”。随着故事的展开，讲故事的人即兴创作歌曲，说完整个故事。他判断听众从他的故事中获得的兴趣和满足感。如果一切进展顺利，讲故事的人可能会要求他的听众再次甚至第三次付钱才能听到故事的结尾。通常，讲故事的人也都是熟练的鼓手和歌手，这些也是职业必备的技能。或者他们会雇佣人手。为了获得更好的效果，故事系统性地穿插在鼓声和祈祷中。故事的主题是多样的，讲故事的人也会像教师计划课堂教学一样，仔细斟酌他的话题。许多民间传说都与善恶精灵以及

---

① 埃利亚斯·卡内蒂：《马拉喀什之声：一次行纪》，J. A. 安德伍德译，(纽约：西伯里出版社，1978)，77。

邪恶之眼的受害者有关。研究建议此类情况通常可以采取个人卫生和烧香等疗法。[1] 其他话题涉及社会弊病、动物及其特性、著名圣贤以及古代的柏柏尔—阿拉伯英雄。故事讲述者讲述了人类常见的问题和经历是如何产生的。他们给出答案，例如，猫头鹰是一种聪明的动物。他们的故事也启发听众关于人类智慧、愚蠢和道德的知识。例如，一个关于嫉妒和恶作剧的故事，可能会以劝诫开始或结束，“如果在有很多嫉妒，卖掉你的财产去印度吧。”这个简单的建议教会我们如何警惕嫉妒对个人安全的威胁。像优素和穆莱·伊斯玛仪这样的著名圣人经常是这些民间故事的主题。根据一位专家的说法，优素和伊斯玛仪的传说在摩洛哥很受欢迎，因为他们符合“善良的圣人必将战胜不公正的统治者这一经典主题”。[2]

柏柏尔—阿拉伯民间传说的许多方面都与主流文学和史学相结合。关于北非女英雄卡伊娜的传说就是很好的例证。

> 关于卡丽娜的故事，社会各界引用、改编或使用频率如此之高，没有其他故事能超越得了……它反映了地中海的大多数现代意识形态，反映了早期伊斯兰意识形态和中

---

① 诺曼·A. 斯蒂尔曼有一段有趣的描述，《摩洛哥塞夫鲁犹太人的语言和文化：一项民族语言学研究》，（英国曼彻斯特：曼彻斯特大学出版社，1988）。

② 亨利·芒森（小）：《摩洛哥的宗教与权力》，（纽黑文，康涅狄格州：耶鲁大学出版社，1993），190；有关摩洛哥专业故事讲述人的常见主题，请见哈罗德·D. 尼尔森编辑，《摩洛哥：国家研究》，（华盛顿特区：美国大学出版社，1978），138。

> 世纪伊斯兰教的意识形态以及欧洲和伊斯兰的现代意识形态：殖民意识形态、欧洲反殖民主义、阿拉伯民族主义、北非民族主义、柏柏尔民族主义、犹太复国主义和女权主义。[①]

事实上，关于柏柏尔起源的传说，已经被重新塑造并得以复制以适应不同的目的，说明了土著民间传说的许多方面已经成功地融入了主流的史学。

43 民间传说的其他方面也被记录在新创作的文章、录音带和视频中。一些重要的民族志作品的例子是爱德华·韦斯特马克和厄涅斯特·吉尔纳的作品。[②] 这些作者和其他新兴作家发现各种体裁中都有口述艺术的影子：谚语、歌曲、节日和口述故事。每一种形式都对创造力、价值、规范、传统和历史进行了描述和分析。他们捕捉并解释了文化、杰出的社会人物、社会制度和习俗的变化。最重要的是，他们的目标是教育年轻一代，为生活的挑战做好准备。

就像其他地方的同行一样，摩洛哥的前现代君主们也对诗人及其作品进行了保护。诗歌是国王、贵族和英雄最喜爱的庆

---

① 阿布杜马吉德·哈奴姆：《殖民史，后殖民记忆：北非女英雄卡伊娜的传奇》，（朴次茅斯，新罕布什尔州：海恩曼出版社，2001），15。

② 爱德华·韦斯特马克：《摩洛哥的灵魂信仰》，（阿波，芬兰：阿波学院出版社，1920 年）；爱德华·韦斯特马克：《摩洛哥的仪式与信仰》，（伦敦：n. p. 出版社，1926）；爱德华·韦斯特马克：《摩洛哥的才学与智慧：土著谚语研究》，（伦敦：劳特利奇出版社，1930）；厄涅斯特·吉尔纳：《地图集里的圣徒》，（芝加哥：芝加哥大学出版社，1969）。

典形式之一。在13世纪晚期和14世纪，利奥·阿非利卡诺斯和伊本·赫勒顿——两位在北非历史上最伟大的天才人物——记录了在严格的穆斯林习俗中，那些创作了某些被认为是不符合传统的诗歌流派的摩洛哥神秘主义者是如何活下来的。根据利奥·阿非利卡诺斯所述：

> 有些绅士邀请一位苏菲派大师与他的门徒们（神秘主义者）一起参加他的庆典，这并不罕见。当他们到达宴会时，他们开始祈祷、唱赞美诗。一旦赞美诗完成，最年长的人开始撕破他们的衣服。如果跳舞时，其中一个老人摔倒了，他马上就会被一个苏菲派年轻人扶起来，然后继续跳舞，这个年轻人时常会给他一个淫荡的吻。①

除了为欢乐和欢宴创造的诗歌之外，还有与仪式、占卜和规程有关的类别。一项关于诗歌的研究显示，柏柏尔人用简单的歌词创作浪漫的诗歌，用歌唱的形式和明显的性暗示动作吸引女性的注意力。这些诗恰如其分地描绘了人们的日常生活，使诗人能够用象征性的手法表达爱情。有些诗描绘了一个年轻女子说服父亲不要强迫她与陌生人结婚的意图；另一些则是为了提醒男人，年轻的女人在寻找一个潜在的丈夫。② 柏柏尔—

① 罗杰·勒·图诺曾在《马里尼德斯时代的菲斯》中引用雷欧·阿非利加努，贝斯·阿尔伯塔·克莱门特译，（诺曼：俄克拉荷马大学出版社，1961），128。

② 罗杰·约瑟夫和泰利·布林特·约瑟夫：《玫瑰与刺：摩洛哥的符号结构》，（图森：亚利桑那大学出版社，1987），92。

阿拉伯人的诗歌很常见，并以不同的形式出现。总之，这类诗歌，如同音乐和舞蹈，不仅仅是艺术创作。事实上，诗歌是为了娱乐，也是社会话语的一部分，是施加影响力和获取地位的手段。因此，本土演说在各个方面的升级换代提供了巨大的文化资源，使现代摩洛哥建立起一种共同的身份并让其公民受到鼓舞。

柏柏尔语和阿拉伯语文学

44 伊斯兰教在7世纪传入摩洛哥，并带来了阿拉伯语书写文化，这鼓励并丰富了文学传统的蓬勃发展，且新人辈出、不断发展。通过基于《古兰经》的成功教育体系，阿拉伯语促进了创造性企业的发展。阿卜杜拉·比伯·亚辛（死于1058年）和他的宗派运动穆拉比特国（穆拉比德时期）在11世纪建立了一个祈祷和伊斯兰教中心。此外，在摩洛哥建立了许多高等教育机构，特别是在梅尼德王朝（1146～1546年）和瓦塔西王朝（1465～1549年）王朝时期，这证明了伊斯兰教在马格里布的成功。摩洛哥的马德拉萨斯（学校）特别受欢迎，因为它们具有国际视野。穆斯林学者和教师致力于伊斯兰文化的学习和写作。他们的兴趣范围反映了在摩洛哥以苏菲派教徒为主的宗教秩序对学术追求的推动。摩洛哥一些著名的阿拉伯学者的例子包括伊本·阿贾勒姆、阿布·哈桑、阿布·奥尔南和阿布达拉·伊本·巴图塔。许多外国学者，包括如利奥·阿非利卡诺斯、伊本·赫勒敦和伊本·哈提卜等传奇人物，都曾在摩洛哥定居，特别是在菲斯、卡萨布兰卡和丹吉尔。从本质上讲，当一个人谈到前殖民时代的摩洛哥的文学传统时，必须强调这是一个长期的历史实践，其中包括中东、欧洲（尤其是西班牙和安达卢西亚）、犹太人和土著非洲人的影响。

阿贾勒姆（死于 1322 年）是一名柏柏尔人，出生在小镇塞夫鲁。一项关于梅尼德王朝统治时期的知识分子生活的详细研究表明，阿贾勒姆写了一篇“关于语法的专著，用一千篇诗（由此得名 Alfiya，alf 代表一千）总结了阿拉伯语语法的要点。[1]”尽管今天摩洛哥和伊斯兰研究的学生未充分利用这一成果，但该研究仍然是关于以阿拉伯语和摩洛哥阿拉伯文正字法发展的重要资料来源。

在前现代阿拉伯世界所有虔诚的学者中（阿兰，单数形式是 oulem 或 alim），摩洛哥的阿布达拉赫·伊本·巴图塔（1304～1377 年）被公认为是世界历史上游历地区最多的一位，也许仅次于意大利探险家马可·波罗（1254～1324 年）。巴图塔的后代是摩洛哥北部的柏柏尔乡村人。他的父母是职业法学家和法官，曾在摩洛哥和安达卢西亚（西班牙南部）做贸易。巴图塔在丹吉尔长大，他在那里接受了法学、语法、逻辑、修辞、法律和神学的训练。巴图塔对其亲眼所见的（尽管有时是有偏见的）中世纪西方和东非生活的生动描述对当 45
代非洲历史学家有很大影响。1352～1354 年，巴图塔曾冒险造访过马里帝国。作为一名苏菲派信徒（信奉伊斯兰教神秘主义），巴图塔的作品还是背叛了他。他在其作品《1325～1354 年亚非游记》和《伊本·巴图塔在黑非洲》（至今仍是

① 勒·图诺：《马里尼德斯》，121～122。

不可多得的第一手西非史料）表现出对其旅途中所见的摩洛哥文化与各种东非、西非文化之间的差异表示惊讶。[①]

阿布·哈桑和阿布·奥尔南是有学识的王子，他们对伊斯兰教的浓厚兴趣几乎使王宫可与大学媲美，成为前现代摩洛哥学术活动的主要中心。根据巴图塔的说法，每天早晨，国王通常会让学者和智者聚集在他身边，他会和他们谈论他感兴趣的话题。他们最喜欢的谈话主题常常包括《古兰经》中关于法理学、神秘主义和诗歌的章节。[②] 利奥·阿非利卡诺斯与伊本·巴图塔生活在同一时代，他补充说，摩洛哥梅尼德王朝的君主都乐于赞助诗歌比赛，特别是在先知穆罕默德的生日时。正如阿非利卡诺斯所观察到的，“朗诵者站在一个很高的平台上。于是，在经历一番大师的评判之后，国王把一百块金条、一匹马、一个女奴和他穿的衣服送给了最受尊敬的诗人。对于其他所有人，他也会给他们金条，所以每位参赛人都会有酬劳。”[③] 这种丰厚的回报证明了国王宫廷对知识分子和文学创造的巨大尊重。

然而，对中世纪摩洛哥和阿拉伯世界的知识界的批判也不

---

① 萨伊德·哈姆顿和诺埃尔·金：《黑非洲的伊本·巴图塔》，（普林斯顿，新泽西州：马尔库斯·文纳出版社，1996），xi ~ xxxii，1 ~ 12。

② 马赫迪·阿加·侯赛因：“巴黎的伊本·巴图塔行记手稿”，载《孟加拉亚洲协会杂志》第 20 期（1954）：22 ~ 32；马赫迪·阿加·侯赛因：“伊本·巴图塔其人其事”，载《印度—伊朗研究》第 7 期（1954）：6 ~ 13；G. H. 布斯盖特：“伊本·巴图塔和穆斯林社团”，载《伊斯兰研究》第 24 期（1966）：81 ~ 106。

③ 勒·图诺：《马里尼德斯》中引用雷欧·阿非利加努，127。

是没有，这就不乏有人认为伊斯兰教理念和思想的普遍影响是不利的。伊斯兰教认为个体是一种解释受启知识的渠道。在这方面，这些学者的大部分作品看起来都有类似之处，即它们大多是关于伊斯兰宗教问题的，因此，从受欢迎程度上，它们很容易被当代和世俗的作品所取代。然而，阿拉伯文学有许多经久不衰的方面。像基督教的《圣经》一样，《古兰经》是在13个多世纪前编纂而成的，它一直是关于神秘主义、历史知识、社会管控、政府、法律和司法等方面的有用的知识来源。最重要的是，《古兰经》代表了对先知文本的批判性解释和上帝唯一的理念。因此，阿拉伯文的教育和写作一直是整个摩洛哥的头等大事。欧洲殖民主义带来了新概念和新思想，有助于丰富和改造摩洛哥的文学和媒体。

法语和英语文学

随着时间的推移，法国在摩洛哥的殖民政策不断发生变 46
化，不同的目标和目的推动了欧洲在该国的文化帝国主义行为。最初，法国的殖民地教育只针对当地的柏柏尔人。阿拉伯人被忽视了，因为欧洲人认为伊斯兰文化有助于维持殖民剥削所必需的和平与秩序。西方教育和基督教为新兴知识分子提供了在殖民地服务和社会流动方面的新就业机会。然而，许多阿拉伯裔的摩洛哥人想要避免与新殖民秩序的疏远，也同样渴望接受西方教育。这一动力使人们对欧洲思想和社会机构的兴趣越来越浓厚，同时，他们也在寻求摆脱殖民统治以获取自由。

在20世纪20年代末，现代摩洛哥文学开始了初步的但历史性转折——读者群体从阿拉伯文的读者转向法国和西方的读者，在小册子和期刊上出现了政治散文和文章。到1945年第二次世界大战结束时，新的趋势已经进入了一个激进的阶段。摩洛哥民族主义知识分子，如阿勒尔·阿尔·法西、阿卜杜·艾尔·克里木、阿布德卡比尔·卡提比和阿布德卡里姆·盖拉泊等人便通过具有民族主义色彩的古典阿拉伯语诗歌积聚人气。这些民族主义学者抨击资本主义及其官僚机构，他们认为这些机构放慢了去殖民化的步伐。第二次世界大战严重损害了法国的殖民自豪感，从而在不断增长的独立运动中，文学为阐明社会和政治思想提供了新工具。此外，随着冷战的出现（1940～1989年），东西方意识形态的斗争迅速吸引了大多数非洲作家，包括他们的摩洛哥同行。在整个非洲，文学和创意写作都包裹着反殖民主义的暗流。

1951年8月，《独立报》（独立党的每周小报）开始用法语发表民族主义评论。不出意料，这些反殖民主义的文章引起了法国殖民地官员的愤怒，致使独立党在1952年暂停活动。与此同时，在去殖民化时期，穆罕默德·A·塔齐的小说获得了广泛的读者。塔齐的创意作品代表着一个重要的变革时期，他在诸如《真理的路标》（亦属于独立党）这样杂志上发表新政治理念。与其他地方的大多数同行一样，民族主义作家守护着前殖民时期的阿拉伯—伊斯兰社会价值观和保守的文学趋势。另一份民族主义报纸《发声者》，由全国人民力量联盟
47 （UNFP）出版，也支持民族主义思想文章和学术论文，宣扬

民族主义情绪。[①] 然而，帝国文化对阿拉伯文学产生了深远的影响。这种影响继续以各种形式表现出来，例如：对于是否该引进西方社会机构和风俗、反对君主权力的运动、伊斯兰教改革以及妇女为摆脱父权控制而斗争等问题至今争论不休。

新近的趋势已经占据了现代作家的作品，如德里斯·哈莱比、穆罕默德·阿布塔里布、阿卜杜哈克·瑟哈内和默罕默德·扎沙夫。新兴作家针对非洲、穆斯林和西方读者，有专门写摩洛哥文化遗产的，也有笼统写北非和中东地区文化遗产的。尽管这些作家拥有不同层次的专业知识和不同的兴趣爱好，但他们在许多方面表现出了一致性。他们的作品传达了一种深刻的责任感，对后殖民时期社会政治的变迁进行了分析。他们用阿拉伯语、法语（最近也包括英语）交流的能力显示出他们渴望在阿拉伯世界范围之外彰显他们的文艺天赋。

德里斯·哈莱比主要以法语写作，但他歪曲了语言规则，并大量使用粗俗语言作为反对官方文学期望的一种另类形式。在殖民时代形成的反对精神直至20世纪80年代和90年代一直是后殖民文学的共同特征。哈莱比小说的主要主题之一是在后殖民时期的摩洛哥呼吁社会政治改革。自20世纪50年代以来，哈莱比一直呼吁抵制过时的伊斯兰教和基督教的宗教思想，但1962年出版的《公开继承》略微偏离了他的关注点，而是转向了生活在殖民时期的摩洛哥的法国外籍工人的经济史。[②] 哈莱比最受欢迎的小说是《简单的过去》。这本书发表

---

① 尼尔森：《摩洛哥》，136～137。

② 德里斯·哈莱比：《公开继承》，（巴黎：德诺埃尔出版社，1962）。

于1954年，抨击父权掌控，这种掌控迫使妇女和儿童在压迫下低声下气、默默顺从。关于父亲的权威，哈莱比观察到“任何非他（父亲）自己的生活……都荡然无存。”[1] 哈莱比最近与加雷斯·斯坦顿合著了《国情调查》，他将后殖民时期的摩洛哥生活描述为压迫性的殖民统治的延续。[2]

穆罕默德·阿布塔里布是20世纪60年代最受欢迎的摩洛哥英语作家之一。阿布塔里布在摩洛哥被认为是英语学习的发起者。他通过教学、计划、管理和学术写作帮助摩洛哥塑造英语语言和文学。他的作品旨在通过历史和文化的多样性辩证法来强化个人认同。在他的作品中，阿布塔里布讲述了在变革的背景下文化差异的现实。阿布塔里布是一位仁慈的社会批评
48 家，他的诗歌以一种原汁原味的人文魅力和自由的幽默来传达社会现实，他试图用一种陌生的语言来诠释这些作品，尽管这是一项艰巨的任务。

近年来，最大的新秀之一可谓是阿卜杜哈克·瑟哈内，他凭借其1983年出版《第一份手稿》而备受瞩目，并于1984年获得自由广播电台文学奖。[3] 瑟哈内乐于批评社会弊病，他的两部主要作品——《窄街上的孩童》和《阴暗处的太阳》——强调了摩洛哥传统社会出现了部分功能失灵，使得

① 德里斯·哈莱比：《简单的过去》，（巴黎：德诺埃尔出版社，1954），15；或者德里斯·哈莱比：《简单的过去》，休·A. 哈特译，（华盛顿：三大洲出版社，1990）。

② 德里斯·哈莱比：《国情调查》，（巴黎：瑟伊出版社，1981）。

③ 阿卜杜哈克·瑟哈内：《第一份手稿》，（巴黎：瑟伊出版社，1983）。

年轻人无法获得有利的发展环境和幸福。[①] 这一题材在《爱在割礼》一书中有进一步的探讨，它对割礼进行了详细描述，并谴责了在摩洛哥甚至在那些被认为是虔诚的人的行为中普遍存在的性滥交、虚伪等类似行为。[②]

文学新星不断涌现，如穆罕默德·扎沙夫，是出自摩洛哥教育机构的文学家。扎沙夫是一名高中老师，被广泛认为是当代最多产的小说作家。他写任何当代社会问题。1970 年，扎沙夫发表了一份颇具争议的作品，名为《女人和玫瑰》，宗教保守派认为这是不道德的，因此可能导致腐化。[③] 作者也被认为不爱国，因为他认为西方文化明显比阿拉伯或马格里布传统优越。

诗　歌

在摩洛哥，诗歌一直扮演着重要的角色。首先是作为博大精深的土著传统的一部分，后来又诞生了充满活力的阿拉伯和英语流派。许多诗歌都是精选的文学作品、段落、艺术作品和音乐作品合集的一部分。另一些则出现在印刷媒体和学术杂志上。长居巴黎的穆罕默德·哈伊尔·艾登（1942）的美妙诗作，囊括了法国文化对现代文学形式的影响。艾登的诗关注于

① 阿卜杜哈克·瑟哈内：《窄街上的孩童》，（巴黎，瑟伊出版社，1986）；阿卜杜哈克·瑟哈内：《阴暗处的太阳》，（巴黎：瑟伊出版社，1992）。

② 阿卜杜哈克·瑟哈内：《爱在割礼》，（巴黎：巴黎—地中海出版社，2001）。

③ 穆罕默德·扎沙夫：《女人和玫瑰》，（Beirut：Al – Dar – al – Muttahida li al – Nashr，1970）。

变革摩洛哥风俗和传统的需要，尤其是那些与君主和父权制权威和权力有关的方面。艾登常居法国，使得他的写作风格从民族主义、意识形态式的写作转变为更富于艺术性的表达。他的作品和其他作家的同类作品都发表于《吹拂》，这是1966年成立的法语文学评论杂志。

49 以法语写作的柏柏尔后裔诗人艾哈迈德·塞福里乌以他对民族志小说中日常生活的独特描写赢得了人们的尊敬。特别的是，《奇迹之盒》在他的家乡菲斯受到了普通工匠的广泛关注。此外，他的短篇故事集《魔咒花园》或《传说中的香水》以寓言的形式创作，赢得了广泛的兴趣。[①]

在新兴的作家中，拉巴特的高中老师艾哈迈德·莱米什因其固执地坚持用当地的摩洛哥阿拉伯语写诗，而不是用受众广泛的古典阿拉伯语甚至是法语或英语。此举获得了全国的认可。多年来，尽管他在文学刊物上发表学术论文，但他的这一决心使他在摩洛哥的知识分子中得到了应有的尊重和认可。他最近的作品《谁编织了水……!?》成功地给予他的批评家们一个惊喜。[②]

在摩洛哥，大多数文学作家都是男性。男性作家主要产生性别偏见的叙述，关注男性英雄和人物。然而，在过去的30年里，已经有女性作家出现，她们在摩洛哥社会的历史和发展

---

① 艾哈迈德·塞福里乌：《奇迹之盒》，（巴黎，瑟伊出版社，1954）；艾哈迈德·塞福里乌：《魔咒花园》或者《传说中的香水》，（巴黎：拉玛丹出版社，1989）。

② 艾哈迈德·莱米什：《shkun Trez Lma...!?》，（n. p.，1994）。

中一直在争取妇女应有的地位。

女性作家

摩洛哥女性作家的主题多涉及在 20 世纪 40 年代和 50 年代的独立斗争中女性的贡献及性别问题。一位当代作家重新审视了“在摩洛哥民族解放运动中发生的史学斗争”。[①] 她指出，在寻求社会变革的过程中，摩洛哥妇女不仅直面法律上存在的性别歧视和占主导地位的伊斯兰教父权权威，而且还挑战了占主导地位的史学，特别是在反殖民斗争方面。在很大程度上，女性主义史学的目标是在当代摩洛哥的主流历史中争取女性的恰当地位。

在这些女权主义作家中有一位是莱拉·阿布扎伊德，她毕业于德克萨斯大学奥斯汀分校，同时她也是将文学作品翻译成英文的先驱女性作家。阿布扎伊德是一位颇有造诣的小说家，她利用传统故事讲述者的风格将故事中的事件联系起来。她的第一本也是最受欢迎的小说《大象之年：摩洛哥妇女追求独立的斗争》，展示了妇女对当代贫穷、性别、离婚和其他与家庭有关的问题的看法。[②] 该作品在强调传统文化和现代主义的力量方面表现出的勇敢也让其拥有重要地位，因为其呼吁大家

---

① 李亚特·考斯曼：“关于摩洛哥妇女解放的陈述：被动革命?”，詹姆斯·麦克道葛编辑，载《北非的民族、社会与文化》，（波特兰，俄勒冈州：弗兰克·卡斯出版社，2003），113。

② 莱拉·阿布扎伊德：《大象之年：摩洛哥妇女追求独立的斗争》，（奥斯汀：得克萨斯大学出版社，1990）。

50 从国家和个人立场两个角度对独立的意义再次进行批判性的评价。阿布扎伊德在其《回到童年》这部作品中再次提及这一主题，无异于是20世纪50年代摩洛哥民族主义斗争影响下的家庭秩序通过个人经历的一种体现。[①] 在她的最新半自传体作品《最后一章》中，阿布扎伊德讲述了一个年轻的摩洛哥妇女在20世纪下半叶转型的新社会中争取身份的斗争。作者将西方与传统价值观的相互作用放置在一种变化而相互矛盾的语境中。[②]

其他当代女性作家也在诗歌方面取得了成绩。例如，阿米娜·艾尔·巴库里的诗歌中满是阿拉伯诗歌的遗迹。在取得了巨大的成功之后，巴库里将不同文本之间复杂的相互关系作为文学解释的指南。这种原始的方式象征着摩洛哥过往诗歌史得到恢复。尽管巴库里用古典阿拉伯语写作，但她的诗是清晰的，而且其风格散发着灵气。[③] 同样地，图拉·马都兰以其《灰叶集》和《疲倦者》中独特的自然风赢得了尊敬。[④] 她的诗语调平静而谨慎。与此同时，诗歌表现出非凡的勇气，带有一丝简单而真实的表现。

女性作家关注的焦点是摩洛哥人自己如何看待、如何关联

---

① 莱拉·阿布扎德：《回到童年》，（奥斯汀：得克萨斯大学中东研究中心，1999）。

② 莱拉·阿布扎德：《最后一章》，（开罗：美国大学出版社，2003）。

③ 阿米娜·埃尔·巴库里：《拉扬·亚蒂夫·拉马迪什》，（拉巴特：萨伊斯·米迪特出版社，2002）。

④ 图拉·马都兰，《疲倦者》（欧吉达，摩洛哥：Dar al Jusoor出版社，2000）。

并代表他们自己的文化。她们挑战君主制的控制和旷日持久的父权统治，强烈渴望建立一个真正自由的社会——这是在反殖民斗争的言辞中所承诺的。在这方面，摩洛哥妇女的斗争，正如最近的史学所揭示的那样，代表着继续寻求一个更自由的社会的新阶段。君主政体在平衡特权阶级与民主自由的两难困境中挣扎，支持改革运动的承诺落到了更具批判精神、更为激进的媒体身上。

报纸和杂志

摩洛哥的现代新闻业可以追溯到殖民时代的早期。1903～1923年，新闻曾服务于巩固法国殖民政府在摩洛哥的统治。渐渐地，新闻媒体在应对国际事件和民族主义运动中逐步发展起来。自独立以来，新闻媒体也逐步从殖民地政府的喉舌转变为君主权威的支持者。最新的发展趋势是报纸和杂志私有制的逐步出现。

一般来说，君主权威给摩洛哥的媒体自由带来了麻烦。主要的国有报纸包括《阿纳巴日报》《勒马特日报》和《阿萨赫
拉日报》。政府通过对新闻广播的官僚监管和对媒体公司可信 51
管理人员的任命来控制报纸。这种政府审查制度招致了国内外的谴责。例如，2003年，总部设在巴黎的无国界记者组织强烈谴责情报机构对新闻界的习惯性窥探。它抨击了摩洛哥的新闻法，该法律规定了那些写质疑伊斯兰教在社会上的重要性、全球对民主制度的新追求中仍然存在着君主制的权威以及摩洛哥对西撒哈拉的领土主张的合法性的问题的文章所应承担的监

禁处罚。

尽管政府进行了审查，但随着纸媒的不断扩张，最近的进步也是可圈可点。近期的立法开放使得摩洛哥日报、周报和月报的数量增加。2000 年，大约有 1780 家本地和外国报纸在流通。这些报纸和杂志涵盖各种各样的趣味——政治、宗教、医药、经济、体育、妇女、计算机、艺术、装饰、青年、教育，等等。王国对批评和不同观点的态度更为宽容，它们刊登新闻、社论、广告和专栏，反映出社会政治空间对全球化世界秩序的细微反应。1995 年 8 月 2 日的一项国家法令允许在规定的新闻准则内表达政治思想和社会文化观点，这使内政部长有权惩罚任何认为对政府有冒犯性的出版物。就像在所有伊斯兰国家一样，大多数摩洛哥报纸都把封面专栏用于伊斯兰教布道。低识字率限制了报纸的读者群，广告出版商之间的竞争也很激烈。自 1999 年以来，摩洛哥的私人出版社已逐渐对一些以前禁忌的问题进行自由辩论，包括社会问题。

广播和电视

当地的无线电广播始于 1924 年，当时摩洛哥还在法国殖民统治下。第二次世界大战后，政府给予民族主义者建立无线电广播的自由。在独立之前，法国殖民当局还于 1954 年在摩洛哥建立了第一个电视台。这是整个阿拉伯世界的第一个电视台。1958 年 11 月，已故国王穆罕默德五世建立马格里布阿拉伯通讯社（MAP），其座右铭是“新闻神圣，评论自由”。MAP 具有广泛的地方和国际触角，是摩洛哥国际新闻广播的

领航者。就像纸媒一样，广播和电视用于教育、信息和大众娱乐。自从殖民主义结束以来，经济的扩张使人民获得了更多的 52
广播和电视节目，而且电视台的数量也增加了。

一个全国性的电视网络在1962年开始运营。与纸媒一样，电视台也在政府的控制之下。电视上播放的所有材料通常都经过严格的官僚监督。起初，电视完全依赖外国节目和电影。摩洛哥电影中心（CCM）成立于1944年，直到1956年独立前，它一直影响着电视节目。1956年，该组织被移交给新政府。在后殖民时期的摩洛哥，对教育阿拉伯化的坚定追求使人们重新发现了在阿拉伯世界产生的民间表演者、电影、戏剧和电视剧。当CCM在进行本土化的计划时，埃及提供了电影和其他电视节目的重要来源。今天，CCM仍然负责电影行业的宣传和管理，而在阿尔及利亚和摩洛哥，电影的受欢迎程度也使得他们的埃及竞争对手被迫离开。政府利用电视作为传播宗教道德和鼓励公民参与的媒介。作为传播教育和文化的媒介，电视台也播放教学节目。最近的一项研究指出，电视“通常被认为对观众的文化要求不高，所以现在已经深入了所有社会经济阶层的摩洛哥家庭。”① 摩洛哥电视业在继续发展，并在寻求适应当地环境手段。

这一领域的改进重点一直是适应新的全球技术进步。今天，电子媒体几乎覆盖了国家的各个角落。政府拥有的摩洛哥广播网——摩洛哥广播电视（RTM），以阿拉伯文、法文、英

① 丹尼尔 A. 瓦格纳：《识字、文化与发展：在摩洛哥认字》，（剑桥：剑桥大学出版社，1993），36。

文、西班牙文和三种柏柏尔方言（*Tamazight*、*Tachelhit* 和 *Tarifit*）服务于广大听众和观众。政府还在丹吉尔保留了对曼迪 1（地中海国际广播电台）的大量控制权。曼迪 1 用阿拉伯语和法语播放节目。自 1980 年初以来，拥有收音机和电视机的家庭数量大幅增加。根据美国国务院 1999 年的估计，该国无线电拥有率达到三分之一，电视拥有率达到六分之一。① 由于摩洛哥的家庭规模通常很大，这些数字意味着每个家庭至少有一台收音机和/或电视机。卫星天线成本适度，也使大约 120 万名观众能够接收到各种各样的外国节目。

53 在卡萨布兰卡，政府拥有两家主要的电视网络——RTM 和 2M－TV。与此同时，政府已经表达了将这些国有媒体公司自由化和私有化的意向，但是这个计划可能需要很长一段时间，因为王国会考虑到失去对媒体的控制的可能的政治代价。在摩洛哥（包括西撒哈拉），总共约有 35 个电视台在运作。在西撒哈拉，20 世纪 70 年代建立的国家广播电台（NR）和撒哈拉阿拉伯民主共和国（SADR），继续为波利萨里奥阵线的独立斗争服务。NR 和 SADR 用阿拉伯语和西班牙语播送新闻。

互联网

尽管摩洛哥政府在发展方面缺乏一贯的政策，但摩洛哥人还是大胆地采取了互联网接入的新趋势。也许除了南非和尼日

① 另参见《摩洛哥年度统计数字年鉴》，（拉巴特：交通部，1999，2000）。

利亚，摩洛哥的电信部门是非洲最大的电信部门之一。摩洛哥拥有大约 50 万互联网用户，政府可以审查任何互联网站点，尤其是那些对其西撒哈拉政策怀有敌意的网站。摩洛哥的网络用户可以从办公室和私人住处获取连接。

第四章　艺术和建筑/住宅

57 艺术和建筑/住宅设计是摩洛哥社会文化遗产的集中表现形式，其为历史学家提供了丰富的关于人类文明的信息以及过去与现在之间的联系。与王国里的其他生活方式一样，摩洛哥的艺术和建筑受到柏柏尔、阿拉伯、犹太、罗马和欧洲（尤其是西班牙和法国）文化的影响。在摩洛哥，艺术作品体现在石头、金银、织物、皮革和毛皮、木材、陶器、陶瓷、铁和黄铜制作的传统手工艺品中。传统的建筑装饰主要以马赛克和壁画的形式出现。马赛克是一种通过排列不同的颜色来形成想要的图案的表面装饰形式；壁画是一种装饰性的艺术，用于形成墙壁或天花板的一部分。自1956年独立以来，摩洛哥的艺术和建筑被认为是文化表达、身份形成和国家建设的重要形式。在这方面，早在20世纪60年代，国王哈桑二世就成立了艺术教育中心，目的是保护人民丰富的文化遗产并扩大该国利润丰厚的旅游业。

鉴于摩洛哥文化生活本质上多样性且充满活力，很难将艺术和建筑清晰划分为传统的、当代的或现代的。更难以捉摸的

是柏柏尔人、阿拉伯人、犹太人、罗马人或欧洲人的观念[1]，
它们相互重叠，其历史跨越了不同的文化和历史时期。因此，
更为恰当的说法是，摩洛哥的艺术和建筑是文化多样性的结 58
果。这种融合使摩洛哥成为一个有趣的研究课题。为了便于分
析，可以将艺术和建筑/住宅划分为两大类别——传统的和当
代的。[2]

这两大类别各自都不构成完全孤立的研究对象，也并非在时间上平均分配。虽然保留了久远的前殖民时代的趋势，但它们正在逐渐适应后殖民时代的风格和品味并越来越有赖于现代工具和技术。除了建筑物、社区以及与现代机构和商业有关的基础设施外，建筑景观保留了大部分的前殖民时期的特质。从20世纪开始，法国的殖民主义引进绘画艺术，并将其作为一种独立的艺术形式；然而，西方绘画还没有呈现出独特的摩洛哥形象。它仍然是怪人和富人追求西方生活方式的一种嗜好。传统的工匠和手工艺人继续占据主导地位，利用现代技术使他们的产品在本地和国际市场上实现标准化。

---

① 维乐米娜·史里璞在“全球化语境下的语言与视觉：非洲与欧洲关系的持续发展进程”中对此有类似描述，载《非洲文学研究》第31卷，第4期（2000）：139～154。

② 伯古米尔·朱西威基：《谢里·桑巴：艺术的杂交》，（西蒙特，魁北克：嘉乐丽·阿穆拉德非洲艺术出版社，1995）。

艺 术

传统艺术形式

摩洛哥的杂合艺术传统是其建筑和住宅的重要组成部分。装饰艺术形式包括石头、织物、泥土、陶瓷、石膏、木头和瓷砖上的图案。精雕细刻的瓷砖马赛克（或瓷砖）被称为泽里吉，是一种引人注目的摩洛哥传统艺术形式。这一艺术最大的成功莫过于在清真寺、宫殿、大学和其他公共建筑（包括富人的私人住宅）的装饰上。泽里吉以不同的图案和颜色排列。一些专家观察到，摩洛哥建筑最独特的一面是反复出现的马蹄形拱门（圆形和/或尖结构），这实际上是斯堪的纳维亚西哥特人遗留给北非的遗产之一。在摩洛哥，马蹄形拱门可用作任何规模建筑的门、窗镶边和装饰的一部分。对这种形式的艺术风格的详细研究发现，“装饰俨然成为建筑的一个组成部分，就好比泥瓦匠勾勒出了建筑的基本结构，但仍需要专业工匠用石膏、木头、马赛克和瓦片来装饰这些建筑。①

虽然精致的艺术装饰通常是建筑的组成部分，但这并不一定是摩洛哥南部的柏柏尔人的惯例，因为那里的建筑并不总是带装饰的。这个例外在一定程度上与一些建筑材料的使用有关，
59 例如压土和稻草，这些材料不容易被制成精雕细刻的花纹。在

---

① 理查德·F·尼洛普等：《区域手册：摩洛哥》，（华盛顿特区：美国政府印刷局，1972），139。

这里，对建筑的心理需求首先是确保安全。这就解释了在前殖民时代，为什么大多数房屋都坐落在山顶、山脊和悬崖上。

除了在建筑装饰中使用的工艺外，当地富产的手工制品由专业的、有天赋的摩洛哥人制作，他们可以生产各种款式的服装和家居用品，如石头、金银、织物、皮革、木材、陶器或陶瓷、铁和黄铜等。在其他手工制品中，摩洛哥皮革、陶器、黄铜托盘和铁制花格装饰都在国际上得到了特别的认可。石雕是摩洛哥本土的艺术作品之一。撒哈拉沙漠的“沙漠玫瑰”是一种典型的水晶样石头，是良好的装饰物。皂石是当地一种柔软的石头，可以用来雕刻动物和人类雕像等物品。其他的石头艺术作品有镇纸、烛台和盒子。

在摩洛哥，匠人艺术是一种历史久远的传统艺术。例如，摩洛哥的银匠因其首先从矿石中取出银来制作珠宝首饰而闻名于世。银饰形态各异，但在摩洛哥妇女中最流行的似乎是厚重的银制手镯，上面刻有深深的花纹图案。其他物品还包括耳环、脚镯和项链。其中一些是由表面抛成高光的半宝石或钉制
作的，精致、时尚。同样，金首饰也是匠人行业中一个重要且 60
独特的部分。黄金首饰主要存在于大城市里，那里有钱的商人、政府官员和其他富有的个人和游客最有可能光顾珠宝店。

菲斯的一个独特的纪念品就是“哈扎姆”，菲斯还有一种华丽和昂贵的丝绸带也叫这个名字，但这里说的完全不是这回事。这里所说的哈扎姆经常用于画框，并绣有现代图案。一个哈扎姆的长度大约是 4 厘米宽，2 到 4 米长。另一件纪念品是姆德玛，它是由上等皮革制成的腰带，上面有缎纹和金色刺绣。金或银扣装饰考究。在摩洛哥，金匠通常有各自独立的社

区，那边有安全保障，而公会的成员则可最大限度地自由行事。

编织是摩洛哥最古老的传统工艺之一。织工用羊毛、丝绸和棉花来生产各种各样的产品，如长袍、桌布、毯子和茶具盖布，有素色，也有五颜六色的。摩洛哥另一种常见的编织品是编织篮子。摩洛哥工匠使用藤条制作不同形状和大小的物品，用于装饰和家庭日用。有些篮子在设计上是有盖子的，用于储藏物品；另一些则是不同大小和形状的玩具。最受欢迎的产品是精心设计和漂亮的东方地毯，通常用于墙壁装饰和覆盖地板，或是坐垫或床、枕头、椅子和其他家具的垫子。摩洛哥精致的丝绸和棉花的床罩有着不同的亮丽图案和色彩。有些地毯是婚礼等特殊场合使用的。

摩洛哥的艺术和手工艺有广泛的地域差异。例如，全国各地生产的地毯有不同的质量、图案和颜色，它们通常以其特定的村庄、城镇或原产城市命名。像菲斯、卡萨布兰卡、丹吉尔和拉巴特这样的大城市里生产的毯子则用其原产地城市命名。这些毯子也被认为是“城市地毯”，因为它们具有鲜明的色彩和矩形图案。首都拉巴特以出产最精美的东方地毯而闻名，这也是世界上最昂贵的地毯之一。那些来自高阿特拉斯地区以柏柏尔人为主的地区通常有更复古的图案。据一位消息人士称，“高阿特拉斯地区的地毯打结处粗大，每一排结之间有四到五个纬线。”为了平衡为数不多的结头，线头埋得较深。整块毯子都是菱形图案。[①] 这些地毯多数是棕色的，有金黄色的边

① E. 冈—卢定：《东方地毯鉴赏家指南》，瓦莱丽·霍华德译，（拉特兰，佛蒙特州：查尔斯·E·塔特尔，1971），417。

框。它们是现代或乡村室内设计的理想选择。

同样，摩洛哥工匠成功生产了数千种皮革和毛皮制品。在 61
该国饲养的绵羊和山羊提供了丰富的皮革和毛皮来源，这些皮革和毛皮可制成各种各样的产品，如行李箱、背包、腰带、钱包、乐器、拖鞋和鞋子。按阿拉伯风格设计的书桌和办公家具也由皮革和毛皮制成，既适合本地市场，也适合国际市场。在各种类型的手袋中，有一种是专门用来携带穆斯林圣书《古兰经》的。用耐久羊皮制成的产品更为时尚，上面有彩色的刺绣图案，并配有肩带和拉链。摩洛哥皮革时尚产品，如他们的地毯，是世界上最著名的。再比如，传统的拖鞋在现代工具和技术的帮助下得到了改进，并产生了不同的颜色、尺寸和图案，如今它们已进入比利时、英国和法国的卧室。

在摩洛哥，木工是艺术设计和装饰的另一个重要组成部分。熟练的艺术家们已经成功地使用了摩洛哥的本地木材来生
产各种各样的产品。例如，在马拉喀什和位于梅克内斯南部岩 62
石城阿兹鲁（柏柏尔语中 Azrou 是“岩石”的意思），木工和家具制造商大多使用生长在当地森林中的硬木，包括雪松、松树、橄榄和胡桃。雪松也被用于制作保险箱或防盗箱，特别是用来存放重要物品，如金钱、珠宝和传统的女式长袖衫。在其他木材中，黑檀木（在热带生长的硬木）和柑橘木是理想的、可用于需要精细的表面处理的（如棋盘）产品。苏亚是家具的常用木材，包括镶嵌咖啡桌和装饰棺材。它也被用于制作珠宝的硬质盒子和便携的大烟盒。工匠还会用不同种类的木材制作出编织地毯风格的大托盘。在摩洛哥，绘有图案的木头也很受欢迎。菲斯旧城尤其以其木质婴儿床而闻名，它的漆面色彩

明亮。

陶器是摩洛哥的另一种传统艺术形式。陶工用黏土和烧焦的土来打造锅、壶和各种形状和大小的花瓶，用于家庭、装饰和音乐用途。陶工通常还生产盘子、壶、咖啡壶、茶托、杯子和用黑色图案装饰的锅子。一些陶瓷制品表面覆盖着精致的皮革，饰以金色的图案。萨菲是位于摩洛哥西部大西洋沿岸平原上的一个海港城市，它被广泛认为是世界的陶器之都。萨菲的陶艺工作者也精通金属制品。

金属和黄铜制品用于各种各样的保护用的、艺术性的和装饰用的栅格和家用物品，如灯具、烛台、小桌子、椅子和各种各样的装饰物品。黄铜制品是手工业的重要组成部分。有艺术装饰的烛台、托盘和烟灰缸都是用黄铜制作的。有些托盘大到可以放在锻铁腿上做成桌子。其他产品包括雕刻精美的门把手、糖盒、香炉和灯笼。有些摩洛哥灯笼是用蓝宝石、红宝石、翡翠、紫水晶和黄玉彩色玻璃制作的，色彩斑斓。最流行的灯是用指甲花上色的毛皮所制。

为了保持其丰富的艺术传统，摩洛哥的后殖民政府鼓励熟练的工匠充分利用全国各地建立的各种艺术中心，从而激发了人们对手工艺品发展的兴趣。每年，参加年度手工艺品节的工匠们都被公认为对保护本土文化做出了贡献。在节日期间展出的最杰出的艺术作品将保留在拉巴特、丹吉尔、马拉喀什、菲斯和梅克尼斯等国家和地区的博物馆中展出。尽管当地的手工艺人继续主导这个行业，用于商业目的工艺品和物品也都使用当地材料制作，但是西式绘画在摩洛哥已赢得大众的青睐。

63 当代绘画作为一种独特的艺术形式，仍然为受过教育的精英或所谓西化的人所特有。大多数摩洛哥画家在法国接受过训练，就像他们的许多赞助人一样，他们与欧洲和其他西方国家，包括美国和加拿大有某种联系。当代的摩洛哥画家主要使用自然环境中的自然主题，如人类形态、树木、街道场景、动物和其他物体。这些作品大都是西方式的抽象作品。一般来说，伊斯兰教禁止描绘任何有灵魂的生物，包括人和动物。

摩洛哥艺术家捕捉人们的世界观，包括他们的创新理念、个人和共同的愿望、价值体系、家庭关系、社会生活、历史、政治、贸易和职业。不同国家的统治者之间交换的艺术物品被视为是国家级厚礼。[①] 摩洛哥的艺术工作也包含了关于社会从一个历史时期到另一个历史时期适应社会政治和经济变化的信息。对艺术形式的进一步研究可能揭示出地域的变化以及物质文化传播的起源和模式。在前殖民时期的非洲，艺术家因为他们的特殊技能而不是他们的财富受到广泛的尊敬。作为文化载体，他们还通过制作战斗和战士、舞蹈和表演者、衣着打扮、游客、英雄、国王、女王和其他重要人物的形象来保护自己的历史。在现代摩洛哥，工匠在促进旅游业中所起的重要作用，使他们既受欢迎又繁荣富足。虽然当地的艺术家过去并没有得到多少金钱上的回报，但他的技术却得到了广泛的尊重和欣赏。同样，成功的当代艺术家也为自己开辟了一个商机。

---

① 有关这一点的描述，参见克里斯汀·穆伦和萨拉·菲兹编辑，《物为使者：马达加斯加的布料、绘画和外交》，（华盛顿特区：史密森学会，国家非洲艺术博物馆与华盛顿大学出版社联合出版，2002），1。

当代艺术形式

随着1912年欧洲殖民主义的兴起，艺术表现开始逐渐过渡到今天被称为“当代”的阶段。法国殖民学校是在1912年的保护国协议之后成立的，它将法国的生活方式和欧洲艺术带给摩洛哥年轻人。有些摩洛哥人继续在法国和欧洲其他地方学习，他们把艺术作为一门学术学科，希望通过新的思想、表达和从西方习得的媒体来扩展摩洛哥丰富的艺术遗产。受过西方教育的艺术家，他们经常与高等学府保持联系，成为所谓的当代艺术或现代艺术的主要生产者。当代艺术家的艺术工作室和
64 商业理念都是仿效外国的模式。其中摩洛哥犹太人安德烈·艾尔巴，其作品描绘了耶路撒冷的犹太精神文化、祈祷、典型的犹太教堂的设置和大屠杀等画面。[①] 尽管艾尔巴和其他如本·哈伊姆都用抽象表现主义的传统作画，他们的主题选择却反映出他们本土环境中的多元文化。

摩洛哥传统艺术和建筑在世界范围内具有良好声誉，但当代艺术家在开拓新领域时却面临着严峻的挑战。为了赢得认可和尊重，当代艺术家必须改进现有的遗产。考虑到16世纪以来在摩洛哥盛行的精湛工艺，当代艺术家可以利用传统和欧洲艺术形式创造出一些新的东西。沿着这种思路，一个很好的例子就是卡萨布兰卡的瓦法银行艺术画廊。1988年，摩洛哥一家大型商业金融机构瓦法银行在其公司总部的大厅里展示了现

① 丹尼尔·J. 史洛特和薇薇安·B·曼编辑，《摩洛哥：穆斯林土地上的犹太人与艺术》，(伦敦：穆勒尔出版社，2000)。

代艺术。通过对当地艺术的赞助，银行巩固了它作为摩洛哥国家的一部分的形象。在提升投资机构形象的同时，该银行也试图将其形象塑造为全球资本主义竞争的参与者。艺术形象代表着现代摩洛哥正在走向未来。①

同时，现存的宗教和传统价值观倾向于限制画家发掘自身才能的自由。在伊斯兰教中，某些艺术表现是不允许的。穆斯林认为，天使不会进入任何包含灵魂的图片或雕塑的房子。对于艺术家来说，这一禁忌使得他们在与西方国家的竞争中更为受限，因为他们的竞争对手没有宗教、社会或政治方面的限制。因此，当代的摩洛哥画家被困在两个世界之间——宗教的束缚和世俗的魅力。通向艺术成功的道路在于充分利用这种二元论。

由于宗教的限制，在殖民时期访问摩洛哥的欧洲艺术家通常住在犹太人聚居区，或者是梅拉（这是摩洛哥各城镇和城市的犹太人聚居区）。欧洲人在梅拉比在被称为“麦地那”的穆斯林老城区更容易被接受。当欧洲艺术家把西方绘画介绍给摩洛哥犹太人时，欧洲画家又受到了犹太文化的影响，而摩洛哥的艺术形式也受到了影响。欧洲人和摩洛哥人的画作描绘了犹太人的社会仪式，如婚礼。犹太妇女的形象在画作和来访的欧洲艺术家的摄影中都很常见。这是因为犹太女性更愿意为艺术家摆姿势。

---

① 詹姆斯·麦克道葛编辑，《北非的民族、社会与文化》，（波特兰，俄勒冈州：弗兰克·卡斯出版社，2003），136，144。卡塔祖纳·匹佩扎克："银行中的公民与主体：现代艺术与摩洛哥身份的企业愿景"，载《北非研究期刊》第 8 卷，第 1 期（2003）：131～54。

65 建 筑

传统建筑/住房

摩洛哥建筑受到伊斯兰传统和后来的欧洲影响，也受到气候、宗教崇拜和仪式、地区历史和当地建筑材料的影响。所有这些都使摩洛哥的建筑风格多样化，但却独具特色。西方人认为，摩洛哥的建筑风格是西班牙—摩尔式的，因为阿拉伯人在8世纪被驱逐出欧洲，其从西班牙带来的风格和样式迅速席卷摩洛哥，成为流行文化。西班牙—摩尔式建筑在12～14世纪的摩洛哥达到顶峰，马蹄形拱门成为最具特色的风格。

这种形式的传统建筑在点缀着摩洛哥大城市的精美清真寺和寺庙中得到了最好的体现。到处都是中世纪的建筑地标，它生动地展示了人们多彩的文化遗产、风格和品味、政治、种族和宗教特征，以及穆斯林、犹太人和外国人之间的生活和相互作用。穆斯林的社区，犹太人的社区，柏柏尔人的堡垒和他们的圣徒，苏丹的宫殿，省和地方长官的堡垒和地方法官都反映了这段历史的重要部分。每个族群在某一特定城市都有自己的
66 社群。这让历史学家们想起了权威和权力关系、社会习俗、种族和宗教身份以及公民参与的模式。[①]

① 一位非洲建筑史学家也在最近一本书中强调了这一点；参见奴楠迪·艾莱：《非洲的建筑与电力》，（韦斯特波特，康涅狄格州：普雷格出版社，2002），112。

今天，阿特拉斯山脉的内部地区和沙漠的南部边缘仍以柏柏尔人住宅为主。柏柏尔人保留了堡垒状的建筑形式（即卡斯巴），但有一些改动。它通常是为了抵御敌人的攻击而建造的。从本质上说，柏柏尔乡村的堡垒是一个封建城堡或一个相互关联的村庄要塞。在北非和西班牙的伊斯兰入侵时代，忠诚的居民会在危险时期去往城堡的设防部分（克萨）寻求保护。然而，在撒哈拉沙漠和阿特拉斯山区，“克萨”一词通常指的是坚固和有围墙的村庄。[①] 卡斯巴既可以是住宅，也可以是储藏室。

一些建于20世纪20年代以前的房子相距大约300米，在设计上没有窗户。房屋有碉楼和碉堡，家人可以借此击退敌人的进攻。还有的房屋只有几个井口，两边向外张开，通常是为了架设大炮开火而设置的。尽管今天的居民几乎不会遇到什么危险，但一些权威人士已经注意到，“作为抵御外部世界危险的防御堡垒，这种建筑的概念仍在继续，因为每座房子都被多
67
刺的梨树和不友好的家狗所包围。”[②] 此外，在与撒哈拉接壤的偏僻的山区草原上，还能找到柏柏尔游牧部落的黑色、蹲伏状的山羊毛帐篷。[③]

像丹吉尔、菲斯、拉巴特和卡萨布兰卡这样的大城市都有

---

① 宪·伊莱安，“‘柯萨尔’的消亡：摩洛哥南部住宅样式和环境管理的变迁”，载《今日非洲》第48期，第1期（2001）：21~48。

② 罗杰·约瑟夫和泰利·布林特·约瑟夫：《玫瑰与刺：摩洛哥的符号结构》，（图森：亚利桑那大学出版社，1987），16。

③ 汉斯·塞利哥：《摩洛哥》，G. A. 科洛维尔译，（加顿城，纽约州：道布尔迪，1966），49。

一些地标性建筑，它们在更精致、更多样化、更国际化的环境中定义了摩洛哥的艺术和建筑成就。例如，丹吉尔反映了人们建筑的多元文化基础。这座城市的建筑讲述了人民历史的一部分。丹吉尔有五星级酒店，主要是重新修缮过的穆斯林公共建筑，以吸引游客和其他访客。从穆罕默德五世陵墓和一系列其他大型项目开始，这种修缮的趋势被一些学者称为“哈桑尼亚式建筑风格”。[1] 丹吉尔还有一块地方叫沙文，就是谢里夫的宫殿。谢里夫就是先知穆罕默德的后人。这座城市的另一个重要的历史建筑是阿卜杜·艾尔·克里木的全副武装的要塞，它讲述了从 1912 年到 1934 年在摩洛哥的柏柏尔反殖民主义的历史。这座城堡现在是一个很受欢迎的旅游景点。总的来说，丹吉尔最令人印象深刻的建筑地标是 12 世纪的麦地那，它有 27 座清真寺和集市，还有卖工艺品给游客的商店。

68 菲斯，俗称“三城”，包括穆莱—伊德里斯周边郊区和西边的古罗马瓦卢比利斯古城，代表着摩洛哥建筑史上的一个重要组成部分。除了是摩洛哥第三大城市之外，菲斯在阿拉伯世界以其大理石庙宇、雕塑、豪华浴池和马赛克地板而著称。它的麦地那（阿拉伯城区）的城墙，坐落在东边的山上，仍然是该城最复杂的建筑地标之一。一些历史地标包括古迹、清真寺、古兰经学院、客栈、梅拉和商店。麦地那（亦称菲斯·艾尔巴里）是罗马圆形剧场的风格。直接面对城市的主大门是一个山坡，坡上镶嵌着古老墓地的石头，附近是那些被尊为

---

① 菲利普·普劳坎和穆罕默德—阿勒尔·西纳科尔：《哈桑二世清真寺》，（德累斯顿—拉法基，法国：Editions D. Briand 出版社，1993），17。

“正义的人”（瓦利萨利赫）的大型坟墓。街道通常都很狭窄，有很多小巷，无意让现代汽车通行。这些房子通常很高。在菲斯的阿拉伯区还有一个达巴塔——一座19世纪的宫殿，现在是摩洛哥艺术和手工艺品博物馆。另一个重要的地标是布·依玛尼亚·梅德萨学堂，这是一个14世纪的学院综合体，是梅尼德建筑的精美代表。墙壁上覆盖着马赛克、雕刻的灰泥和精心设计的切割和未切割的圆圈。它的顶层公寓装饰考究（精致的艺术装饰和绘画），庭院里满是浪漫的色彩。

摩洛哥的大多数传统建筑都是仿照清真寺而建的，伊斯兰教是人们的主导宗教。清真寺通常建有一个高高的入口和一个绿色屋顶。庭院里有一个用于仪式洗礼的喷泉，一个大厅被分隔成过道来分隔男女。墙上的壁龛用来显示麦加所在的方向。所有的清真寺都有一个布道坛，祈祷领袖（伊玛目）主持星期五的主麻日祈祷仪式。

在12世纪早期建立的古兰经学院和大学都是仿照清真寺的样式建立的，庭院里有喷泉和祈祷大厅。这些建筑还装饰有马赛克瓷砖、玻璃制品、灰泥和库法文本（以伊拉克的库法镇命名，这种艺术形式起源于那里）。

菲斯还有摩洛哥最古老和最大的犹太人区，建立于1438年。[①] 尽管摩洛哥的梅拉（菲斯的也算其中一个）现在大部分都被遗弃了，但它们提供了关于在摩洛哥的犹太社会生活的资料。在这片穆斯林的世界，每个梅拉都有城墙环绕，特别是那

---

① 摩洛哥所有犹太人区中最古老的要数菲斯老城了，该城是伊德里斯二世于公元9世纪兴建的。

些在阿尔穆哈德王朝统治下的宗教狂热时期所建的梅拉（约1062～1269 年）。菲斯的梅拉是由苏丹阿布萨义德（死于1250 年）建造的。该社区位于他的宫殿附近，以保护犹太人免受穆斯林狂热分子的袭击。最近，耶路撒冷希伯来大学的一
69 位艺术历史学家研究发现，马拉喀什的犹太梅拉中的房子都遵循一种基本的风格，其影响遍及摩洛哥各地的梅拉建筑，包括菲斯。摩洛哥几乎所有的犹太教堂都遵循同一模式。他们通常位于一条狭窄的巷子里。不甚规整的红色黏土墙“对他们来说像是烂尾楼，让人想起摩洛哥南部山坡上的随处可见的茅屋”。①

尽管自 1948 年以色列建国以来，阿拉伯—以色列冲突开始导致大量的摩洛哥犹太人迁出，但大多数犹太教堂仍然屹立在梅拉之中，尽管这些地区现在大部分被穆斯林占据。犹太教堂的特色是入口没有标识，它位于一条昏暗的小巷里，通向一个为女性保留的矩形房间。对妇女的这一规定显然是 20 世纪在摩洛哥的创新。在过去，妇女通常被限制在会堂的入口处。一个犹太教堂的小房间是一排排设置的，天花板上有一扇窗户，是唯一的光源。在犹太教堂里，约柜象征着上帝与犹太人的特别契约，通常是靠着东墙，朝向耶路撒冷的方向。讲经台最初是用木头做的，它位于犹太教堂的西侧墙壁的中心。犹太

① 阿里艾拉·阿玛尔：“摩洛哥犹太教堂调查”，载《以色列艺术与文学评论》，第 106 期，（1999 年 2 月），1～6。要详细了解摩洛哥犹太人的生活，请参见丹尼尔·J. 史洛特：《苏丹的犹太人：摩洛哥与塞法迪世界》，（斯坦福，加州：斯坦福大学出版社，2002）。

教堂的新式讲台，像“阿尔扎马会堂”里的那个（一批在大
型的、维护良好的院子里建造的新式犹太教堂之一），建于20
世纪早期的马拉喀什，是由大理石建成的。红色的条凳上覆盖 70
着彩色的织物和小垫子。在犹太教堂的中心是一排木制的椅
子，介于讲台和约柜之间。所有摩洛哥犹太教堂的一个共同特
点是大量使用油灯照明，以纪念死者。油灯用链条挂起，末端
是银或铜环，灯挂于其上。大多数灯的灯芯已经替换成了电灯 71
泡。尽管一些犹太教堂规模小、装饰朴素，但其他一些地方，
比如菲斯和梅克内斯，犹太教堂却装饰得非常华丽。例如，在
菲斯的萨都教堂是摩洛哥最奢华的犹太教堂之一。它的墙壁完
全被精美的灰泥和装饰物所覆盖，上面的窗户是倾斜的玻璃窗
格。这座建筑显示出穆斯林传统的广泛影响力，不仅延伸到清
真寺，还延伸到其他公共建筑，如装饰在灰泥和瓷砖上的宫殿
和房屋。换句话说，犹太人的犹太教堂与其他建筑的模式是一
样的，他们的艺术装饰受到柏柏尔人、伊斯兰教和欧洲文化的
影响。由摩洛哥犹太人和新移民建造的犹太教堂展示出地区多
样性和非单一的文化传统。

在讨论菲斯的建筑和住房的历史时，如果不简略地看一下
在菲斯以西的一个郊区——穆莱·伊德里斯，就不完整了。这
个社区是以摩洛哥第一个王朝的创始人的名字命名的，镇里有
一个陵墓，里面有受人尊敬的穆莱·伊德里斯一世的遗体，由
于这里是一个神圣的中心，苏菲派（北非伊斯兰教的一个教
派）大多居住在这个地区。游客可以参观，但禁止在这里过
夜。在穆莱·伊德里斯的住宅和建筑主要是原始的穆斯林风 72
格。窄窄的、没有窗户的小巷通往堡垒，在方形的雪松门上装

饰着可爱的雕刻。在富裕的社区都安上了大门，以此保护居住者的隐私。

13 世纪梅里达时期（1248～1420 年），苏丹们首次将首都建在此地。作为当年的遗产之一，这个小镇上有穆斯林学院、图书馆和苏丹的宫殿等雄伟的建筑。[①] 这些建筑的室内装饰是专门设计的。天花板的拱门是巧妙雕刻的雪松木。这项工作揭示了摩洛哥人在拉毛粉饰工艺上的名声。大理石、马赛克、陶器瓦和雕花的搪瓷盘子都是杰作。大门用镀金的皮革制成，大门上镶嵌着雕花青铜纹路。到阿尔穆哈德王朝时代，菲斯有：

> 785 座清真寺和其他虔诚的宗教圣地，有近 10 万间住房，81 个喷泉和 93 个公共澡堂，还有 476 个客栈和旅馆。城市的各个角落都体现在历史照片中，从中我们得知全市有 3064 间纺织工厂，116 间印染车间，168 间陶器工厂和 86 家制革厂，在菲斯市场共有不到 9183 家商店，北非最有名的工匠的名牌产品在其中出售。[②]

要在此向读者介绍摩洛哥所有城市和城镇中的艺术和建筑是不可能的，我们这里只能简单地向各位介绍摩洛哥的首都拉
73 巴特和非洲第三大城市卡萨布兰卡（仅次于尼日利亚的拉各斯和埃及的开罗）。拉巴特是在 12 世纪建立的。今天它是一

① 塞利哥，《摩洛哥》，11。

② 塞利哥，《摩洛哥》，11～12。

个世界性的花园都市，不朽建筑不胜枚举。拉巴特的麦地那建于17世纪，至今仍保留着安达卢西亚的特点，因为这里居住的穆斯林最初是被西班牙人驱逐来的。坚固的城墙围绕着历史悠久的要塞。要到达要塞，可通过在（雅各）厄尔曼苏尔（1185 ~1195年）在位期间修建的门户进入。大门通向一个1915年修建的内部花园。墙上布满叶子花，鸟儿在街垒上筑巢。在堡垒的花园中有一较小的宫殿，现在用作欧戴雅博物馆。该建筑始建于17世纪。庆典大厅装饰着拉巴特产的最好的东方地毯。露台上有一个池塘。里面有一套当地的乐器和一个珠宝陈列馆。还有一个厅则是用锦缎、铜香炉、雕刻的胸针和刺绣的坐垫装饰而成的。这部分厅堂是用作仪式和习俗活动的。和其他城市一样，拉巴特也有一个犹太人区。这座城市最突出的特点之一就是其宏伟的皇宫，国王和家人住在一起，在那里他会见了国家官员、朋友、重要人物和外国使节。

摩洛哥所有的皇家宫殿都是在王国的顶尖艺术家和工匠的帮助下设计的。他们展示了国王作为国家的父亲和监护人的权力和权威。摩洛哥王宫的大部分地方都很普通。像清真寺和伊斯兰学院一样，宫殿的庭院是其核心，房间都围绕着它建造。审判大厅是一个精致宽敞的阳台，苏丹从他的臣民那里得到了敬意。

卡萨布兰卡是“白色城市”，是摩洛哥所有城市中最“现代化”的城市，其西方式的建筑比其他城市都要多。与像菲斯和丹吉尔这样的老城市的狭窄街道相比，这个城市的街道特别宽阔。然而，与其他城市一样，卡萨布兰卡仍有其最初的阿拉伯定居点，即“旧麦地那”，其狭窄的街道上有饱经风霜的房屋。在西迪·穆罕默德统治时期，还修建了宏伟的清真寺（1757～1790年）。

作为一座现代化的城市，卡萨布兰卡的独特之处在于它的新住宅区和商业中心——叫作“新麦地那”。法国在1921年建立了新城，作为殖民主义的一个创新带给人民。新麦地那是穆罕默德五世（1961年去世）的故乡，这座宏伟的宫殿建于1919年第一次世界大战末期，至今仍是这座城市的主要标志建筑之一。然而，政府和私营企业已经建起了几座西式的高层建筑，其中最耀眼的建筑或许就是联合国广场，它周边有邮
74 局、市政剧院和市政厅，还有麦当劳。同时，阿拉伯联盟总部和宏伟的法国政府大楼（法国宫）都很引人注目。新兴的西式建筑正迅速蚕食着看似不屈的东方传统。住宅区有花园、摩尔喷泉、游乐场、高尔夫球场和殖民地房屋。

这幅富裕的景象与周围的贫民窟形成了鲜明的对比。贫民窟最早出现于20世纪20年代的卡萨布兰卡，是城市人口扩张的产物。贫民窟经常是城市新移民的中转站，因为这种临时住所他们还是负担得起。这些房屋原先有人居住过，只是他们在找到收入较高的工作后就搬进了城市。摩洛哥政府在其有限的能力范围内设法为其公民提供适当的住所，但由于人口迅速增长，缺乏足够的资源。

总的来说，卡萨布兰卡、拉巴特、菲斯、丹吉尔和其他摩洛哥城市的建筑和住房“与西方话语形成鲜明对比，这一西方话语将摩洛哥城市视为混乱无序，它的街道肮脏不堪，它的

水系统处于荒废状态。”[①] 重要的是要重申，摩洛哥的当代住房和建筑正在经历一个动态和持续的进程。这个过程将继续调整和扩大，以适应当地和国际风格、品味和技术的融合。同样重要的是要注意到，种族、阶级和城乡差别都已在不同程度上结合在一起，共同决定了新近发展方向。新一代的技术官僚和大城市的年轻人倾向于西式的住宅。那些不能在富丽堂皇的社区里住的穷人们，被迫与棚户区或更古老、更传统的建筑风格联系在一起。反对将伊斯兰建筑视为相对静止的观念，人们必须强调，它和所有文化一样，都是动态的。

---

① 苏珊·吉尔森·米勒：“灌溉丹吉尔的花园：摩洛哥城市的殖民论争”，苏珊·斯洛莫维克编辑，载《文学、建筑与历史中的阿拉伯城墙城市：马格里布活生生的麦地那》，（波特兰，俄勒冈州：弗兰克·卡斯出版社，2001），42。

第五章　饮食与传统服饰

77

饮　食

摩洛哥美食和饮食习惯是表达个人、家庭和社会习惯和身份的社会文化行为的表现形式。饮食还体现了社会价值和礼节，因为在一天或一年的某些时段，某些食物和菜肴的准备是由习俗和规则决定的。在过去的几个世纪里，海洋和摩洛哥丰饶的土地等自然馈赠使各种各样的水果、肉类、蔬菜和海鲜得以在这片土地生长发展，供养着这片土地上的人们，也丰富了人们餐桌上的饮食。即使是受到干旱威胁的地区，如利夫山脉的某些地区，与灌溉地区不同，也继续成功维持着大麦种植并继续成为家禽、绵羊和山羊农场。

从战略位置上来说，摩洛哥地处古代贸易线路最重要的终端之一，故摩洛哥的厨房展现出的是一种不同文化的混合体。

摩洛哥的厨房将欧洲殖民者、阿拉伯商业和古老的习俗融为一体。[1] 阿拉伯人在7世纪晚期出现在摩洛哥，他们通过跨撒哈拉和跨地中海的贸易途径带来了新的食谱、各种面包和来自中国、印度、马来西亚和西非的香料。从奥斯曼帝国开始，煎烤和烧烤得到了普及。摩洛哥人还从葡萄牙人和西班牙人那边学习做新菜，并在15世纪从新大陆获得了玉米等粮食作物。在1912～1956年殖民统治下，法国人带来了糕点、甜点、冰淇淋、糖果以及混合烤食物和生菜沙拉等的习俗。法国还引进了 78
农业新技术，提高了作物产量，扩大了葡萄园，优化了摩洛哥葡萄酒的质量，提高了产量。然而，现存的大多数烹饪方法、菜系、饮食习惯和社会习俗，都是当地柏柏尔文化在各种外来影响之前的一部分。此外，还有非洲人、亚洲人、阿拉伯人和欧洲人的共同习俗。这种多样性让美食成为反映由女性和国家专业厨师所探索出来的一种充满活力和活泼的文化，也就是现在普遍公认的摩洛哥菜。

流行菜

宝拉·沃尔夫特曾住在摩洛哥，她为美国大众写了一本书，指出了四种她声称是摩洛哥最受欢迎的菜肴。首当其冲的是库斯库斯（粗麦粉）——一种从粗粒中加工出来的谷物。库斯库斯也可以用谷物做成，比如大麦、粟和玉米。根据作者的说法，排名第二的是一个巨大的馅饼或一种叫作比斯提亚

① 凯瑟琳·汉格：《世界食物：摩洛哥》，（维多利亚，澳大利亚：孤独星球出版社，2000），15～16。

（bisteeya，也叫 b'steeya，bastela，bastila 和 pastilla）的厚糕点。第三个是美味烤羊（梅什维）。第四个是用柠檬和橄榄制作的鸡肉菜肴。[1] 尽管这个名单可能已十分中肯，但要从众多的摩洛哥菜中选择四种实在很难。首先，摩洛哥菜是动态的，因为妇女和专业厨师们在不断尝试各种各样的新食谱。其次，正如人们常说的，“最好的食物不是在餐馆里找到的”，而是在家里。因此，很难从餐馆的饭菜中做出任何结论性的判断。饮食文化因人、家庭和地区之间的差异而有所不同。此外，富人所能得到的食物与穷人的食物也不尽相同。在摩洛哥，用小麦或大麦做的简单食物是最实惠的。第三，对摩洛哥流行菜肴的考察绝对不能遗漏面包。其重要意义在于面包不仅是日常膳食的一部分，而且被认为是真主的神圣礼物。

面包（科斯拉或 Khboz）

摩洛哥有一句家喻户晓的谚语，告诫穷人要“用面包和黄油活下去，直到上帝送来蜂蜜”。这句格言强调面包对每个人来说都是神圣的食物，而不论其贫富。利夫山脉的柏柏尔人长期以来一直用大麦做主食。除了他们最喜欢的面包，还有一些食物作补充，比如土豆、西红柿、洋葱、大蒜、辣椒、南
79
瓜、水果和坚果。柏柏尔人种植大麦，妇女们将其制成面粉，再烤成面包。事实上，将大麦转化为面包的象征意义“在（传统的）婚礼上是非常明显的，当新娘将大麦种子带进她丈

① 宝拉·沃尔夫特：《库斯库斯和其他摩洛哥美食》，（纽约：哈珀和罗出版社，1973），1～3。

夫的房子，以便在即将到来的种植周期中撒播。”①

直到20世纪80年代末，几乎所有摩洛哥家庭都会自己烤面包。随着现代城市的发展和对职业专业化的要求的提高，家庭生活中的这些做法正在发生变化。最初，社区烤箱（被称为弗兰）被安置在每个社区的要地，使各家庭能够烘烤他们的面包。随后，各家庭开始购买自己的烤箱。在公共面包店，每个家庭都用标识和字母区分面包。随着城市生活需求的提高、职业专业化程度的提高以及女性逐渐脱离家庭主妇的传统角色，个人和家庭几乎没有时间去做自己的面包了。

摩洛哥人用粗大麦、面粉、小麦、高粱和小米烘烤各种各样的面包。通常面包是扁的、平的、圆的或做成一个长而脆的面团。妇女们会有条不紊地揉面团，直到酵母分布均匀，再加上草、香料、蛋白质和其他配料。柏柏尔妇女因会制作一种特殊的当地面包而知名，这种面包叫作“热拳头”，是一种片状无酵面包。南部地区的图阿雷格人在炙热的沙子上烤面包，并将这种特殊的面包称为“塔格拉”。典型的摩洛哥面包，包括“胡布斯·比社麦”和“胡布斯·米尔卡”。后一种是平的圆形面团，两面都烤得棕黄。“胡布斯·比社麦”的烘烤方法很特别，面团里填充着脂肪和香料。烘烤的时候，脂肪从面团表面的刺孔里流出，留下沁人心脾的香料和香草的香气。假日面包最初来自于大西洋西海岸马拉喀什的港口城市索维拉。它是根据特殊的家庭食谱制作的，有干酵母、甜黄油、砂糖、盐、

① 罗杰·约瑟夫和泰利·布林特·约瑟夫：《玫瑰与刺：摩洛哥的符号结构》，（图森：亚利桑那大学出版社，1987），19。

芝麻籽、玉米粉、茴香和酪乳。一般来说，摩洛哥面包很重，辛辣皮脆，吸水性高，并且适合蘸一种特殊的炖菜——塔基尼。在一个大多数人用手指吃饭的社会里，面包经常充当搅拌和把食物送入口中的工具。在摩洛哥有一种习俗，即当所有人入座餐桌，会有一个人分发面包。[①]

库斯库斯（谷物）

库斯库斯被公认为是摩洛哥的国菜，而且在整个马格里布都很受欢迎。它最早是柏柏尔人的食物，它的意义可不仅仅是一道菜或粗麦粉。库斯库斯在摩洛哥阿拉伯语中也指“食物”，因为穷人通常也负担得起，因此库斯库斯是人们的日常
80 膳食。根据 1972 年的一项研究，大多数家庭仍将他们的“小麦送到当地的工厂，让其研磨到他们所喜欢的程度。”[②] 库斯库斯也可以与其他种类的谷物一起烧，包括小麦、大麦、豆芽、玉米、小米、碾碎的橡子，甚至面包屑。虽然各种各样的谷物可以用不同的方法制作，但它们只有在密封和在小火烹饪时才会变成库斯库斯。据说蒸是传统的柏柏尔烹饪方法，因为在半干旱的土地上缺乏木材。库斯库斯可以配上不同种类的肉和蔬菜（如芜菁、鹰嘴豆和洋葱）制成炖菜塔基尼。在菲斯，炖菜通常是清淡可口的，配料是精心烹制的，并加洋葱、黑胡椒、藏红花和生姜调味。用面包配上库斯库斯很常见。

---

① 宝拉·沃尔夫特：《库斯库斯和其他摩洛哥美食》，（纽约：哈珀和罗出版社，1973），49～55。

② 克劳迪亚·罗登：《中东食物手册》，（纽约：挪波夫出版社，1972），277。

糕点或馅饼（比斯提亚）

比斯提亚是摩洛哥最昂贵且最具异国情调的食物之一。它可以被形容为一种精致的大馅饼，由一层层的辣鸽或辣鸡肉、美味的洋葱酱烹柠檬蛋和烤甜杏仁做成。把上述食材在一起烘烤，便形成了一种摩洛哥独特的糕点。人们对这道菜的起源争论不休。一些人声称它来自西班牙安达卢西亚，基于“比斯提亚”这个词与西班牙语“糕点糖果”有相似之处。另一些人认为，在公元7世纪时，中东阿拉伯人入侵摩洛哥，带来了比斯提亚，而阿拉伯人则是从中国人那里得到了这个食谱。不管它的起源是什么，摩洛哥人，就像他们的亚洲、非洲和欧洲的邻居一样，借鉴了来自其他文化的思想，创造了他们独特的生活方式，包括食物和饮食习惯。这个馅饼通常是巨大的，必须在一个大托盘里烹制，份量可供10人用。面团的制作需要专业知识和经验。比斯提亚有地区差异。例如，在菲斯，比斯提亚传统上是用鸽子肉（而不是鸡肉）做的，直径大约是20英寸甚至更大。摩洛哥鸽子与美国鸽子品种不同，所以味道也不同。摩洛哥中阿特拉斯地区的柏柏尔人用捣碎的牛肉或羊肉做比斯提亚，用肉桂和鸡蛋调味，十分独特。柏柏尔人将这种比斯提亚称为塔赫杜特比斯提亚。在马拉喀什制作的比斯提亚是用牛奶和橙花水制成的。一般来说，糕点是根据个人口味准备的。

鸡肉盘

鸡肉的制作方法不尽相同，但基本上是柠檬和橄榄炖菜。

如需要，也可以添加其他食材，如鸡蛋和洋葱。鸡要用橄榄、
81 腌制柠檬润滑酱慢慢炖，并用番红花、孜然、姜和红辣椒调味。在梅克内斯，这道菜在制作时会用香料和奶油柠檬，上菜时配上橄榄酱，它代表了原汁原味的鸡肉盘。当鸡和鸡蛋混在一起时，就变成了鸡肉配鸡蛋。当鸽子被用来代替鸡肉时，这道菜叫作鸽子肉配鸡蛋。一些家庭用当地种植的苦味绿橄榄制作他们最喜欢的鸡肉菜肴，这道菜被称为鸡肉配橄榄。

炖肉或酱汁（Tajine 或 Tagine）

摩洛哥传统的炖肉或酱汁起源于柏柏尔，制作方式各异。实际上，tajine 或 tagine 这个词，既是已完成的菜肴的名称，也是当地生产的一种土质锅的名称。这个锅有不同的形状和大小，烹饪食物也很慢。传统上，炖肉主要是用鸡肉和羊肉做的。现在它可以准备任何东西，包括骆驼或鱼（摩洛哥人所称的汤是哈里拉，它是用羊肉和香料做的）。哈里拉与炖肉有很大的不同。炖肉的配方包括在一个冷的黏土锅里加热油和香料，然后在低温中加入肉或鱼。最后添加蔬菜，留有足够的时间烧熟即可。尚选的炖肉是浸泡在橄榄油、洋葱、黑胡椒、盐、藏红花、大蒜和苔藓中的柠檬鸡。[①]

香料、香料和草

使用香料可能是摩洛哥美食中最具特色的元素。今天使用

---

① 苔藓（苔藓植物门），无籽维管植物，有不同的品种。它们分布在世界上大部分区域，包括沙漠，其叶子有药用价值。

的大部分香料都是几个世纪前从印度、中国、中东和撒哈拉以南非洲带来的。鉴于香料、草和其他种类的摩洛哥烹饪香料的重要性，不妨来看一些当地最流行的香料。它们不仅用于丰富食物的香气和味道，而且还有其复杂的药用价值。常用的10种最重要的香料是辣椒、孜然、肉桂、姜黄、藏红花、姜、红辣椒、黑胡椒、茴香和芝麻籽。其他香味食材有香料、香菜、丁香、芫荽子、阿拉伯树胶，葫芦巴、甘草、蜂蜜枣和鸢尾草。最常见的草药和植物包括洋葱、大蒜、欧芹和绿色芫荽。[①] 这些香料、香草和芳香剂在很大程度上依据个人的口味、菜肴的种类和准备的数量而选择使用。

饭　点 82

在摩洛哥（大多数撒哈拉以南非洲国家的习惯是将晚餐作为主要的一餐，摩洛哥并不是这样），午餐是最主要的一餐，而且常见的做法似乎是“能吃多少吃多少”或“想吃多少吃多少”。只有在斋月里，穆斯林才会只在日落和日出前吃东西。大多数非洲人，特别是撒哈拉沙漠以南地区的人，一顿饭只有一道菜。而摩洛哥人，像欧洲人、美国人、亚洲人一样，每顿饭有几个菜。在摩洛哥，没有一个人手一份的通用“国标”菜单，也没有固定的上菜顺序。菜单上有什么菜、吃几道菜，很大程度上取决于个人口味和家庭习惯，还有更重要

① 有关这些草药、香料和芳香剂药用价值的详细介绍，参见宝拉·沃尔夫特，《库斯库斯和其他摩洛哥美食》，19～32。

的——他们的经济能力。摩洛哥种植的大部分食品出口到欧洲，以便政府和农民获得外国资本来进口机械和资助发展项目。因此，粮食短缺这个不正常的问题出现了。富人享受着丰盛的膳食，但穷人很少达到平衡膳食。

摩洛哥人每天吃三顿饭——早餐、午餐或日餐和晚餐。早餐通常很清淡，有面包、黄油、橄榄油、黑橄榄（蘸上一种特殊的盐）、果冻和其他简单的食物。面包是早餐最常见的食物，可以抹黄油吃，也可以蘸上橄榄油和茶、果汁。

摩洛哥的午餐，和大多数地中海国家（包括现代西班牙）一样，必须和家庭一起吃，很是神圣。这是全家享用精美饭菜的时间，也是返回工作之前休息的时间。按照法律规定，许多企业和办公室中午都关门歇业，大多数家庭成员回家吃午饭。那些工作地点离家很远的地方人除外。大多数女性仍然扮演着传统的家庭主妇的角色，她们精心准备午餐，很有仪式感。因此，午饭也为评估餐桌礼仪和饮食习惯提供了一个理想的环境。午餐的准备工作可能需要数小时甚至数天，这取决于餐食的类型、家庭的规模、参与准备的人数以及计划的菜品的质量和数量。家庭聚餐的烹饪方式不同于仪式性正餐。对于那些管理家庭的女性来说，做饭不仅是一种表达方式，更是一种特权和权力的象征。在早餐后不久，她们即开始为家人准备午餐。理想的情况下，午餐开始时会有一系列的绿色蔬菜或沙拉作为
83 开胃菜。之后上的是炖肉，或者是美国人和其他西方人称之为汤的食物，配上蔬菜、煮鸡蛋和面包。富裕家庭的午餐的主菜通常是羊肉或鸡肉，配上大量的库斯库斯，也会配上蔬菜。

考虑到午餐通常很大量，晚餐时常是便餐——主要是午餐

剩饭。负担得起的家庭可以添加沙拉、煎蛋卷和（或）肉类。小吃在当地的饮食中并不常见。相反，他们吃干果和坚果。最近，在摩洛哥各地的街角商店里出现了脆脆的薯条和快餐。这是全球化的一个方面，它正越来越多地使所有文化的人们更接近西方的做法，包括适应西方食物和饮料的口味。①

饮料

摩洛哥最受欢迎和最实惠的饮料是水和薄荷茶。此外，还有葡萄酒、咖啡、牛奶和各种水果饮料。一项研究表明，自从第二次世界大战以来，驻扎在摩洛哥的美国军队将可口可乐介绍给了当地人，碳酸矿水已有越来越多的消费者。② 虽然普通的水更便宜，但富足人群还是习惯用经阿拉伯树胶（摩洛哥称慕斯卡，一种从阿拉伯树胶树获得的水溶性树胶，用于制药、糖果和其他产品）处理过的饮用水。这种水被称为“芳香水”，因为它散发着芬芳的气味，还残留着阿拉伯树胶的味道。在摩洛哥，获得优质的饮用水有时是一个问题，尤其是在较小的城市和半干旱的山区农村的。政府一直在努力确保全国大部分地区的饮用水供应。

甜薄荷茶极具特色，是摩洛哥的“国饮”之一。在 19 世纪的第一个十年，英国商人把茶带到了摩洛哥，当地人对这种特殊的薄荷茶情有独钟。这种茶可以用不同的方式制作，但基

---

① 汉格：《世界食物：摩洛哥》，15～16。

② C. R. 责尼尔：《1830 年以后的摩洛哥历史》，（纽约：纽约大学出版社，2000），260。

本的配方是绿茶，参入大量的白糖和新鲜的薄荷。喝薄荷茶用小玻璃杯，味道很甜，很容易上瘾。传统上，在用餐或仪式上要喝三杯薄荷茶，但现在这种习惯已经或多或少被遗弃了。那些患有糖尿病或其他健康问题的人要么远离它，要么学习喝不含糖的茶。

摩洛哥人也喜欢酒。地中海的气候适合种植葡萄。最初，摩洛哥犹太人从葡萄、耶枣、蜂房花、石榴和葡萄干中提取酒精饮料。他们最喜欢的一种酒是在高阿特拉斯山脉的特卢艾地区生产的无花果白兰地。在 1912 年签署保护国协议之后，法
84 国人在摩洛哥各地建立了更多的葡萄园，特别是在菲斯、拉巴
特和梅克内斯周围。马格里布的葡萄园占了相当大的一部分葡萄来源，占世界葡萄酒的 10%。摩洛哥葡萄酒包括白酒和红酒，卡博内、希迪拉比、维帕斯、瓦皮埃尔、沙索莱以及一种叫作格力斯·德布劳尼的特殊葡萄酒。在一般和严格的宗教约束下，伊斯兰教徒憎恶饮酒。那些无法抗拒诱惑的人往往偷偷满足他们的口味。在卡萨布兰卡和拉巴特等大城市，年轻人在派对、酒吧、迪斯科舞厅和私人宴会及庆祝活动中尽情饮酒。摩洛哥葡萄酒既好又便宜。他们的特殊品质为他们赢得国际市场做足了准备。

在摩洛哥，由于宗教禁止酒精，非酒精饮料和果汁，如坚果、苹果、杏仁、橘子、柠檬、葡萄、石榴和矿泉水等，在摩洛哥很受欢迎。人们也喝咖啡。摩洛哥人有时会在咖啡里加香料。

菜和仪式

摩洛哥人喜欢他们的食物，并用吃和喝的方式庆祝他们的重要节日和仪式。食物既是生存的必需品，又是彰显财富、阶级、社会性质和文化的方式。对摩洛哥人来说，食物与“生命和爱情的美好本能和感官享受的纯粹喜悦”联系在一起。”①

与准备家庭聚餐相比，礼仪餐的准备更为精心。在特别的场合宴请客人，时常会邀请专业厨师来帮忙。除了提供所需的配料和给予说明外，主人可能不会参与烹饪。此外，在这种情况下，妇女可能不参与某些食物的准备工作。客人们坐在一张矮桌子上，在客人的右手的三根手指上浇上一层香水，这是一种仪式。主人拍手宣告宴会开始。右手的三个手指通过这个仪式洗干净了，因为摩洛哥人用手指而不是用勺子和叉子吃饭。宴会的前菜可能会是一份很酷的新鲜沙拉，包括以下几种蔬菜的组合：茄子、切片番茄、青椒、混合药草和橘子。摩洛哥大量出产橘子。

在其他庆祝活动中，比如婚礼、割礼、过渡仪式以及从朝圣归来，妇女们都会参与准备饭菜。女主人们穿着长袍，身前卷着宽袖，带有一根弯曲的绳子。准备一些礼仪性大餐可能需要几天的时间。尤其是当菜单涉及20或30道菜时。仪式上的晚餐可能会以酥脆的鸽子肉饼开始，它卷得很薄，有时还混入 85

① 汉格，《世界食物：摩洛哥》，14。

了鸡肉，按需卷很多层。[1] 然后，主人会供应用香料和动物脂肪调味过的烤牛肉或羊肉，搭配传统的辛辣炖菜。炖菜有时和面包一起吃。茄子沙拉或切碎的番茄沙拉如果不算是开胃菜，那么就是配上库斯库斯一起吃，库斯库斯通常是主菜。主菜之后是切片甜瓜、蜂蜜和杏仁酥等点心，这是一系列甜点的一部分，传统上最后一道甜点是几杯薄荷茶。

摩洛哥的一种特殊礼仪餐是传统的烤羊肉或烧烤，它最早是柏柏尔人的传统菜，柏柏尔人称其为梅什维或马什维。早在外来入侵之前，大多数柏柏尔家庭就把山羊、绵羊、牛和家禽作为他们的饮食需求。今天，山羊和绵羊仍然是主要的家养家畜。家畜是肉类、黄油、牛奶和鸡蛋的来源，也是资本储备，很容易转化为现金。在大多数非洲土著社区，包括摩洛哥的乡村，肉很少是日常家庭菜单的一部分；更确切地说，肉是专供重要场合的，比如社区成员在出生、入会仪式、婚礼和葬礼上一同食用肉类。

梅什维是用大蒜、磨碎的孜然和橄榄油摩擦羊肉，然后在火上烘烤，直到变成深褐色。这顿饭通常用来纪念斋月后的穆斯林节日——古尔邦节（Aid El Babir，这里估计是作者笔误，应是 Kabir）。在另一个庆祝孩子出生的仪式上，在出生后的第七天，宰杀羊羔。男性割礼仪式也有类似的庆祝活动。丰盛的全羊烧烤是昂贵的，因此并不是穷人的一顿普通大餐，但它是一种特殊的摩洛哥皇室盛宴的主菜，称为 zerda。

---

① 哈罗德 · D. 尼尔森编辑，《摩洛哥：国家研究》，（华盛顿特区：美国大学出版社，1978），125。

传统服饰和时尚

杰拉巴

杰拉巴最初是一款由摩洛哥男人穿的流行服装。自 20 世纪中叶以来，杰拉巴也成为女性时尚的一部分，甚至已不仅限于摩洛哥。杰拉巴是一种长长的外袍，以其长袖和兜帽而著称。男人最喜欢的颜色是白色。一名欧洲游客在 1897 年到访 86
丹吉尔时说，这个城市有一个庞大的多米尼加修道院："每个人都穿着白色的亚麻或羊毛披肩，带着兜帽，在大多数情况下都覆盖着整个脑袋。"[①] 这种情况至今只发生了轻微的变化，因为流行的白色杰拉巴仍然很流行。男版杰拉巴袖子贴紧手臂。在一个男人经常剃光头（他们几乎秃顶）的社会里，这条袍子的一个显著特征就是有个兜帽，它能保护身体免受恶劣天气——沙子、阳光和湿气的影响。在兜帽下面，男人们还会戴着小红帽。

女版的杰拉巴是长袖、宽松版，也有一个兜帽，两侧有大口袋。拉链在前面，容易穿脱。尽管女性服装有许多地区和阶层的分别，但杰拉巴已经成为"都市女性上学或工作以及参

① 埃德蒙多·德·阿米西斯：《摩洛哥：民族和地理》，玛丽亚·霍诺·兰斯代尔译，（费城：亨利·T·科茨出版社，1897），5。

加其他活动”最喜爱的款式之一。[①]

连帽斗篷

连帽斗篷是单件外衣，主要着于宽松的束腰之上，即一件简单的套头式服装，袖子可有可无，通常是及膝或更长，腰带
87 在腰部，男女皆可穿。连帽斗篷起源于柏柏尔，传统上是一件简单的长袍。它被切割成半圆形，有一个像杰拉巴一样的帽子。帽子可以保护免受沙漠太阳和沙子的袭扰。今天，柏柏尔连帽斗篷在设计上已经有了一些改变。尽管最新的样式与最初的设计截然不同，但成功的城市高管们都在西装外套着一件连帽斗篷，像阿富汗总统哈米德·卡尔扎伊一样。

头巾

男性传统服饰的另一个重要组成部分是头巾和小针织帽（周围还有一圈带图案的条带）。头巾是穆斯林在地中海东部大部分地区（包括北非和南亚）的头饰。头巾和针织帽都戴在头上。由于头巾和针织帽没有边缘，所以在祈祷的过程中不会影响鞠躬等动作。[②] 头巾和红色毡帽在商人中很流行。普通的乡村居民和普通百姓戴着圆形的针织帽，不戴头巾。

---

① 苏珊·厄斯曼：《卡萨布兰卡印象：现代城市中的权力图景》，（柏克莱：加州大学出版社，1994），203。另参见苏珊·厄斯曼：《三位美人：卡萨布兰卡、巴黎和开罗》，（达勒姆，北卡罗来纳：杜克大学出版社，2002）。

② 尼尔森：《摩洛哥》，125～26。

长袍

女性的传统服装是丝绸或棉布长袍，通常配有金色腰带和边缘装饰的条带。长袍可能是能在摩洛哥找到的最受欢迎、最漂亮的女性服饰之一。传统上，它是一件长袍，一直到脚。如今，常见的长袍都已缩短到了脚踝，面料也什么都有。有些是用昂贵的材料做的，用刺绣装饰。这种昂贵的款式通常是为婚礼和其他特殊场合准备的。在婚礼上，新娘用鲜艳的头巾装饰她的头。她脚上穿着传统的平跟露跟式拖鞋，在法语中称为“巴布什”，带有流苏和装饰。巴布什在阿尔及利亚、突尼斯和利比亚的一些地区都很受欢迎，男女都可穿。

大连衣裙

在摩洛哥的犹太人中，女性以他们的传统服饰——大连衣裙而显得与众不同。这种服装的起源可以追溯到西班牙的犹太人，也就是塞法迪犹太人。在 15 世纪，他们被驱逐出境。那些在摩洛哥的泰团定居下来的塞法迪犹太人把大连衣裙变为他们最受欢迎的服装之一。大连衣裙有各种颜色华丽的刺绣作装 88
饰，并由几个部分组成。第一部分是用天鹅绒做的裹身裙，上面有一层金色的刺绣，叫作耶尔替塔。在西班牙，这被称为西拉尔德塔。大连衣裙的第二部分是开放式短袖上衣，称为“贡摆”。第三部分是一个饰边，就像一个手镯，穿在贡摆里面，被称为彭塔或卡特尔。礼服的第四部分是披在肩上的披肩。最后一部分是腰带或束带，有精致而昂贵的黄金刺绣。最初，大连衣裙是年轻少女引以为豪的从父亲这边获得的礼物。

它象征着父母同意女儿与未来追求者的关系。因此，这条伟大的礼服最初是在婚前协议仪式上穿的。如今，在其他特殊场合，可以经常看到年轻女性穿大连衣裙。现在大连衣裙的材料可以是天鹅绒、织锦和丝绸。

装饰物

摩洛哥女人，就像世界各地的女人一样，喜欢戴珠宝。重耳环、手镯、脚镯和珍珠串是常见的装饰物品。女人们用不同的设计和装饰品来装饰她们的手。同样地，那些能负担得起费用的人也会用珍贵的石头来装饰她们的腿。项链既是时尚品，又是奢侈品。摩洛哥女性喜欢收藏各种昂贵的饰品，从最简单的扎郭拉和图阿雷格项链到昂贵的玛古纳和钱币—珊瑚宝石。

欧洲的影响

尽管现在的摩洛哥人大多穿着传统服装和服饰，但西方的服装风格正在步步逼近，尤其是在年轻一代中。因此，对于年轻一代和老一辈人来说，着装已经成为当地乃至全球身份或“现代性”的表现。例如，一名学生可能拥有大量的西式衬衫、长裤、西装、运动服和意大利或西班牙鞋，但他去清真寺、参加婚礼以及其他类似活动时仍会穿着传统的杰拉巴。有时，城市居民把西式的套装和衬衫和他们的传统长袍结合在一起。在卡萨布兰卡和拉巴特这样的城市，穿外国鞋和运动鞋的
89 人很常见。20 世纪 10 年代，在摩洛哥的法国殖民者统治下，欧洲服饰开始出现。最初，摩洛哥犹太人是最早接受欧洲纺织

品和服装的人，特别是裤子、衬衫和男帽。[①] 如今，西式服装对年轻人的着装有显著影响。

而大多数女性仍然穿着传统的服装、用面纱遮住她们的头以尊重宗教的要求。一些女性，尤其是受过教育的女性和与西方联系较多的性别激进主义者已经开始在工作、学院和其他公共场所穿着牛仔裤和简单的衬衫或上衣。此外，与单身女性相比，城市已婚女性化妆的可能性更大。这是因为大多数潜在的新郎都不愿意娶像西方人一样打扮、化妆的年轻女性。最近，在卡萨布兰卡的一项研究发现，这些未婚女性被认为是不传统的、自由的、狂野的，因此并不是那些“严肃”的男人在婚姻中寻找的伴侣。[②]

衣服和身份

摩洛哥人的穿着就代表了他们自己。换句话说，在摩洛哥人的着装方式中，有一种复杂的自我表达方式。传统服饰，如同食物、艺术品和设计一样，揭示了许多人的文化遗产——他们的价值观、美学、禁忌、规范、被传达的文化、适应和共同的历史。服饰和身份也与经济、政治和社会的主流宗教联系在一起。

例如，在穆斯林社会里，无边的传统头巾、针织帽和面

① 丹尼尔·J. 史洛特和约瑟夫·切特里特：“19 世纪和 20 世纪埃索伊拉（莫加多尔）的转型”，哈维·E. 古德伯格编辑，《塞法迪中东瑰宝：现代历史与文化》，（布鲁明顿：印第安纳大学出版社，1996），103，109。

② 厄斯曼：《卡萨布兰卡印象》，167。

纱，不仅反映了宗教本身，也反映了伊斯兰教做礼拜的方式。
90 它给你空间让你鞠躬，完全不需要调整头饰或把它完全移除。同样，对长袖连衣裙和及脚礼服的强调也与伊斯兰教有关。伊斯兰教禁止暴露人体，以免诱惑社会上的自制力不强的人沉溺于淫荡的行为；因此，男人和女人穿朴素的衣服是很理想的。包括摩洛哥在内的穆斯林社会中妇女戴的传统头巾和面纱，都倡导了在这个世界上的妇女形象是谦逊、尊重和正直的家庭管理人员。因此，摩洛哥妇女，尤其是城市居民，被鼓励遵守这一传统。在乡村和柏柏尔人中间，围在头上的围巾更受欢迎。20 世纪 80 年代，戴面纱的妇女人数下降，苏菲教派立即发起了一场复兴运动。年轻人变得更加虔诚，并把宗教看成“个人身份象征受挫时的靠山”。同样，许多职业女性也将面纱等同于“个人自由：她们通过穿着伊斯兰服装来表达自己的宗教身份，并通过工作来强调自己的个人身份。”[①] 在摩洛哥的去殖民化（1940 ~ 1956 年）过程中，围巾不仅是宗教和文化的象征，而且象征着民族解放斗争，因为它把脸给露了出来。有关围巾的这种观念竞相出现，现在是一个颇有争论的话题，即它是否真的是宗教的象征，还是宗法权威和支配权？[②] 对于那些相对解放的柏柏尔妇女来说，围在腰间的围巾体现了她们试图在说明：自己本就不是阿拉伯文化的遗产。

---

① 穆妮亚·本纳尼·奇莱比，《苏米斯和莱贝尔：马洛克的春天》（法文），（卡萨布兰卡：勒·芬尼克出版社，1994），89 ~ 100；亨利·芒森，《摩洛哥的宗教与权力》，（纽黑文，康涅狄格州：耶鲁大学出版社，1993），162 ~ 67。

② 厄斯曼：《卡萨布兰卡印象》，203。

第六章　性别角色、婚姻和家庭

存留至今的土著柏柏尔风俗、阿拉伯和犹太家庭习俗以及 93
欧洲的影响，都共同形成了当代摩洛哥社会的亲属关系、家庭组织、婚姻传统以及有关两性关系的观念。随着西方式教育的扩大、与其他文化（包括非洲人、亚洲人和欧洲人）交流的日趋密切以及社会经济结构和个人生活方式的持续变化，摩洛哥家庭一直在适应这些变化，想必这些变化也会继续影响摩洛哥的家庭。例如，自 20 世纪 70 年代以来，大多数受过教育的精英——尤其是那些在法国、比利时、西班牙、美国或其他西方国家获得学位的人——都回国结婚，并建立了通常被称为“个人主义”的家庭习俗。尽管新兴的阶级表现出对小家庭及其易于管理的特性的偏爱，但大多数摩洛哥人仍然遵循传统，偏爱一夫多妻的婚姻和大家庭以及亲密的亲属关系和家庭关系。

作为一个普遍存在的组织形式，家庭既是文化适应的有机组织，也是文化适应的社会单位。家庭成员是通过血缘联系的，新成员是通过婚姻建立的。出于对一个组织的福利和连续性考虑，成员经常拥有共同的住所并遵循生产和繁衍的规范。

这种公共关系通过规定的两性关系来确保世代的连续性。因此，与大多数非洲和亚洲社会中看到的情况一样，家庭生活是摩洛哥社会秩序的中心，儿童是按照家庭传统进行社会化的，这是社会总体价值观、期望、禁忌和宗教的组成部分。在所谓
94 的第三世界的大部分地区，社会保障很少存在，家庭填补了这一真空，富足的人帮助贫穷的成员提供生活必需品。摩洛哥的年轻人住在家里，参加由家庭安排的社会活动，直到他们长大到可以上学、学习一门手艺，或者从事可以让他们远离家乡的职业。

传统上，人们期待男性子女会继续为家庭福利做出贡献。因此，儿子们往往会在婚后留在家里，在大家庭中抚养自己的家庭成员。然而，在摩洛哥，儿子们可以自由地建立自己的家庭，并在父亲去世时保留他们的姓氏。尽管大多数人仍然遵循这一传统，但年轻一代逐渐选择与他们的核心家庭独立生活。正如世界上大部分地区一样，摩洛哥的亲属关系是沿着父系这一线走的，故家庭组织也是建立在父系血缘之上的。

血　统

一个典型的传统家庭系统中的现代人和过去几代人之间存在着一种联系，通常他们住在同一所房子里，或住在一个由几个家庭成员组成的社群中，其成员拥有共同的血缘。一个家庭由一个男人、他的妻子（或妻子们）以及他们的孩子（包括已婚的儿子、儿子的妻子和他们的孩子）组成。其他亲属，如未婚女儿、寡妇或离婚者也被接纳为家庭成员。换句话说，

亲属关系，尤其是在阿拉伯人和非洲人后裔之间，遵循着一个复杂的关系网络，这种关系能将许多家庭关联到一位共同的祖先。有几项研究表明，在柏柏尔人的语言中，“艾斯（aith）”这个词的意思是“××的儿子”，比如，“艾斯·瓦雅嘎”、“艾斯·图曾”和“艾斯·阿玛斯”都暗示着这些地方社区的成员都可因血缘关联到一个遥远的祖先。在美国，核心家庭是家庭生活的中心，但在摩洛哥中部利夫山区的柏柏尔人做法正好相反，他们通常认为自己根本上是由几个家庭（ijujga，单数是 jajgu）组成的世系的成员。[1] 尽管如此，1978 年的一项调查显示，“大家庭在中东和许多其他地区似乎并不常见。”[2] 因此，我们很难一概而论。文化习俗既不刻板，也不一致，即使在同一文化地理的民族中也是如此。文化习俗不能只从“非洲”或“阿拉伯”或“西方”的角度来看待，而应将它们置于流动和动态环境中来看。

在大多数柏柏尔人的父系社会中，家族成员或大家庭，可 95
以期望继承死者的财产，这是符合伊斯兰教的做法。按照伊斯兰习俗，家庭财产的继承人包括祖父/祖母、父亲/母亲、儿子

① 罗杰·约瑟夫和泰利·布林特·约瑟夫：《玫瑰与刺：摩洛哥的符号结构》，（图森：亚利桑那大学出版社，1987），28；厄涅斯特·吉尔纳：《地图集里的圣徒》，（伦敦：韦登菲尔德和尼克尔森，1969），66；大卫·M. 哈特：“现代摩洛哥的部落：两个案例研究”，厄涅斯特·吉尔纳和查尔斯·米考编辑，载《阿拉伯人和柏柏尔人：从部落到国家的北非》，（伦敦：度克沃斯出版社，1972），28。

② 哈罗德·D. 尼尔森编辑：《摩洛哥：国家研究》，（华盛顿特区：美国大学出版社，1978），118～119。

/女儿。然而，男性享有高于女性的继承权，女性继承的遗产份额通常取决于男性的安排和慷慨程度。此外，直系亲属高于旁系亲属（姑母、叔伯和表亲）。与母系家庭相反，父系家庭系统中所有的孩子——男孩和女孩——都属于父亲的亲属团体，已婚妇女采用他们丈夫的姓。如今，在许多西方社会，女性越来越倾向于在结婚后保留自己的姓氏，尤其是那些成功的专业人士。在摩洛哥还不是这样，因为已婚妇女在经济上仍然受到丈夫的支持，即使她们中的一些人可能有私人收入来源。

婚　姻

在所有社会中，婚姻是一种重要的社会习俗，将来也仍会如此。尽管婚姻给单身男女带来尊重和地位，但它最重要的功能仍然是生殖或繁衍。婚姻制度为社会提供了一种正式的途径，通过这种方式建立新家庭、补充和重振老化的亲属和家族系统网络。在摩洛哥，已婚夫妇将竭尽全力确保他们的结合成功，即他们有自己的孩子。孩子是婚姻的果实，是婚姻的主要目的和快乐来源。在包括摩洛哥在内的大多数以农业为主的社会中，大家庭都希望能有劳动力资源以防止外来侵略，并确保社会安全，并为其老年成员提供持续的支持。孩子们一旦来到家庭，离婚就变得非常困难，因为双方都会变得更加宽容，以保护他们孩子的福利。

此外，婚姻并不只是夫妇二人的事；它使家庭成员结成新的合作联盟。因此，家庭在选择婚姻伴侣并通过这种方式参与与婚姻过程有关的各种社会和宗教仪式的过程中扮演着重要的角色。在摩洛哥，长老会无情地干预家际裂痕，这进一步证明了在摩洛哥婚姻本质上不是私人事务，而是具有更大的社会效应。

传统上，大多数父母认为为孩子选择配偶是他们的责任。在一个性别很少互动的社会中，婚姻伴侣通常是通过社会关系
或母亲甚至职业媒人的牵线搭桥联系在一起的。父亲通常不会 96
公开参与牵线搭桥，也不参与婚礼的计划，但获得父亲的同意通常是必要的。尽管母亲们比较积极，但她们也得首先详细讨论她们的计划，并向她们的丈夫报告选择配偶的进度和婚嫁金（新郎家庭向新娘家庭支付的一笔费用）谈判的进展。作为一家之长，父亲的同意是至关重要的且不能被忽视。尽管父母为他们的孩子进行婚姻进行讨论，但在婚礼细节开始之前，新郎的同意也要考虑进去。传统上，准新娘在这些决定过程中扮演着相对被动的角色，尽管这一传统正在改变。

近亲结婚，或是大家庭内部婚姻是很常见的。“理想的婚姻伴侣是该男子父亲兄弟的女儿。”① 例如，在中部的高阿特拉斯地区，婚姻通常涉及平辈的表亲或兄弟的孩子。通过与他们自己的表亲结婚，人们认为这些人给他们的家庭带来了荣誉、尊重和保护。在其他地方，如利夫山区，人们并不遵循特定的婚姻模式，也没有特别的偏好，但乱伦关系是禁止的，而
通婚通常是在类似社会阶层的家庭之间进行的。随着西式教育 97
的增加、通过旅行与外国人的接触以及外国电影和电视节目的

① 卡洛林·福伦—洛班，《现实中的伊斯兰社会》，第 2 版，（盖恩斯维尔：佛罗里达大学出版社，2004），98。

涌入，摩洛哥的年轻人正逐渐开始选择他们自己的伴侣，而父母的影响微乎其微。

根据《古兰经》规定，伊斯兰法律允许男性最多娶四个妻子。然而，这种一夫多妻制的关系只对享有特权的人有可能，因为在经济上很难维持一个“后宫”。一般认为，所有摩洛哥人在成年后都要结婚。男人通常在30岁之前结婚，而女人通常在18岁之前结婚。年龄超过23岁的女性可能会对结婚感到非常焦虑。

与基督教婚姻的圣事习语形成鲜明对比的是，伊斯兰婚姻是一种民事契约，协议的条款或多或少是由夫妻双方的家庭代表决定的。合同规定了不可违反的规定和准则。合同约定的一个重要部分是要求新郎的家庭向新娘的家庭支付一笔陪嫁金。

陪嫁金

在大多数非洲和中东社会，没有约定好的新娘陪嫁金或嫁妆，婚姻是不合法的。嫁妆只是新娘的私人财产，陪嫁金是由新郎家庭支付给新娘家庭的钱，通常数目不小。在摩洛哥，支付陪嫁金是婚礼过程中很重要的一部分。这种做法的根本出发点很大程度上在于女方父母抚养一个女孩所付出的巨大代价。结婚以后，新郎家庭几乎可以算是拥有了新娘，所以这个想法是这样的：在她的婚礼上，新娘的父母应该得到某种形式的金钱补偿。这一做法已被制度化，以支付陪嫁金或嫁妆的形式实现。通常陪嫁金所涉及的金额巨大，所以不得不分期付款。有些新娘的家庭也不急于要求一次给足嫁妆，可以到将来需要时再说。①

此外，作为回馈，新娘的家人会让新娘加入丈夫家中的时候带上一些嫁妆。这笔钱通常用于购买家具和其他家庭用品。尽管在大多数穆斯林社会中，妇女几乎无法提出离婚，但在摩洛哥，妇女可以带着用她父亲给的嫁妆所购置的所有家庭财产（包括此后购买的其他物品）离开家庭。由于新郎在离婚后会失去一切，这种做法就成了妻子遭遇不忠丈夫时的一种保护。

程序和仪式 98

在摩洛哥，婚姻是一种仪式，婚礼通常要持续举行几天。在摩洛哥各地，婚礼几乎一样，都融合了传统和现代元素，但在不同地区，婚礼组织形式上存在着细微的差别。例如，在摩洛哥南部的哈迪杜米奇，选择婚姻伴侣的过程中可能还包括家庭对家庭的接触，或者参加传统的“婚礼集市”，在那里，年轻人和他们的家人一起来到这里，寻求与婚姻伴侣见面的可能性。一旦发现潜在的新娘，婚姻中间人就会受托去拜访新娘的家人，以评估她的举止、个人态度和外表。他们还会初步估算她家庭可能要求的陪嫁金的数量。通常，寻找新娘的过程以正式订婚为结束的标志。订婚是婚前庆祝活动的第一步。根据家庭和社区传统，情侣们以不同的方式来庆祝他们的婚约。

新郎的家人会拜访他们的准姻亲，讨论结婚计划，并确定一个合适的结婚日期。初步讨论可能需要几次访问，而且这个过程可能随时终止。如果一切按照计划进行，那么正式签署婚

---

① 有关更多细节，请参见尼尔森：《摩洛哥》，119。

约的时候嫁妆的数量通常会敲定。在新郎家到来的时候，主人们会用鲜花、牛奶和枣子来迎接他们。公开庆祝的方式依据宗教传统（无论是伊斯兰教或犹太教）或文化传统来决定。

在摩洛哥，结婚仪式是精心设计的，是使婚姻合法化的必要条件。由于家庭不同、地区差异，结婚仪式会有些差异。社会文化庆祝活动反映出人们的个人、家庭、社会、社区和“物质/经济生活状况”。[1]

柏柏尔人认为结婚是人们仪式和价值体系的一部分。柏柏尔人利用自然的习俗和符号来给生命赋予意义，并给生命做出诠释。原先，婚礼会持续七天，所有庆祝活动的费用全部由新郎的家人承担。由于经济压力巨大，为期一周的马拉松式婚礼在大多数地方都被缩短到了三天（通常被称为 dhamghra）。在公众庆祝活动开始的前一天，新娘会举行一个沐浴仪式，该仪式旨在净化她的身体，准备迎接即将到来的仪式。然后，红色和白色的旗帜分别悬挂在新郎和新娘的家庭屋顶上。对新郎来说，红色象征着精气和力量。对新娘来说，白色代表她的贞洁和纯洁。

99 在仪式的第一天，一个名为“小母鸡”的仪式从新娘的家开始。家庭成员、亲戚、邻居、朋友，有时整个村庄被邀请参加一天的盛宴、跳舞和唱歌。从指甲花植物的叶子中提取出来指甲花染料是一种红棕色染料，专门用来染头发。在柏柏尔

① 罗伯特·艾尔巴斯：“走向摩洛哥犹太生活世界的全面社会文化理论：摩洛哥的犹太传统婚姻”，载《国际法语研究期刊》第7卷，第2期（2004年6月）：95~101。

传统中，他们通常将红色染料涂抹在身体上。第一天通常以“指甲花”仪式结束，这主要是为了保护这对夫妻不受邪恶的伤害，击溃恶意精灵和敌人。在新郎家里，人们将红色的指甲花染料涂抹在新郎及参加婚礼的各位的手上和脚上。因为在整个婚庆仪式中，各位观礼人的特殊作用是保护新郎免受危险。在新娘的家里，她的妹妹会准备指甲花染料，同样，人们也会为新娘及其同伴的手脚上涂抹上这种染料。①

庆祝的第二天被称为“大指甲花”。和第一天的活动一样，大指甲花也从新娘父母的家里开始。庆祝活动继续进行，吃、唱、跳舞、新娘和新郎都涂上了大量的红色染料。特别是新娘会被涂抹上好几层染料，为第二天即将到来的新家之旅做好充分的准备。这段旅程被认为是至关重要的，因为新娘在这段时间最容易受到恶魔的攻击，所以所有的预防措施都是为了避免任何不可预见的危险。

庆祝活动的第三天——也是最后一天到来时，新娘大张旗鼓地去往丈夫的家中。这个仪式从新娘家开始，有吃有跳，最后以在丈夫家举行的“进门之夜”结束。在庆祝活动最后一天的晚上，一群男人从新郎家来新娘家里接新娘，旅程便开始了。人们用牛奶和枣子招待他们，娱乐活动一直持续到深夜。

在为婚礼做最后准备的过程中，新娘的亲戚和朋友会小心翼翼地把新娘从头到脚裹在一块长长的白布里，就像大多数穆斯林社会中葬礼上包裹死人一样。一条长流苏手帕挂在葡萄藤弯曲的小树枝上，绑在新娘的头上。她的脸被面纱、手帕和白

---

①　约瑟夫和约瑟夫，《玫瑰与刺》，59～61。

色裹布完全盖住。白色的面纱和裹布象征着新娘的童贞，以及她对丈夫的完全顺从和服从。婚嫁，被当作是一种死亡，标志着新娘从未婚生活转向已婚生活。[①]

新娘的哥哥要履行他的职责，把他的妹妹驮到一头骡子前，随后婚礼一行人就出发了。新娘的亲戚和朋友围绕着新娘
100 唱歌、跳舞、欢呼。新娘骑上骡子后，她的母亲把大麦粒倒在她的腿上。大麦种子被认为是生育、生命和特殊祝福（巴拉卡）之意。新娘要把这祝福的象征物带到她的新家。新娘一到夫家，就把大麦种在新家的前面，这表示新娘给两家带来了繁荣和进步。之后，新娘的哥哥会把她带到一个专门为婚礼预留的房间里。不久之后，新郎走进房间迎接他的新婚妻子，并摘下手帕和面纱。

在最后一天的仪式之后，这对夫妇可以自由地完成他们的婚姻生活，按理说应是第一次。婚礼的第一个晚上的重点是新娘证明其童贞，人们形象地称其为“鲜血的溅溢”。因为人们极度反感婚前性行为，所以新娘若是被发现不是处女，对双方家庭来说都是极大的耻辱。如果新郎被剥夺了首次交配其妻子的荣誉，他就有足够的理由采取诸如取消婚姻、殴打新娘、甚至以荣誉之名采取杀害新娘等极端行为。然而，这只能是在仲裁法官确定案件的性质之后进行[②]。处女之血的流出完成了婚礼的仪式，也证明了新郎的能力。这一过程确认了男性和女性

---

① 约瑟夫和约瑟夫，《玫瑰与刺》，60～61。

② M. E. 贡泊—史玲：《神圣的表演：伊斯兰、性与牺牲》，（纽约：哥伦比亚大学出版社，1989），216。

在生育中的角色，并标志着这对夫妇开始进入了成年人的世界[①]。在第三天也是婚庆最后一天之后的七天里，新娘的家人不能够再见到她。

大城市里的婚礼也会吸引很多家庭、朋友和熟人参加。一个细微的区别是场地的选择可能是一个受人欢迎的度假胜地或酒店，而不是城市住宅。另一个不同之处在于，在农村，人们通常会向村里的人发出公开邀请，而在城市地区，大多数婚礼的观礼人都严格遵循邀请制原则。此外，虽然婚姻涉及传统的结婚礼服，但当代的新娘和新郎可能会把女人穿的长袍和男人穿的杰拉巴换成白色的西式婚礼礼服和套装。一些夫妇可能会去度蜜月，而不是传统的七天闭门不见，这让夫妇有一些隐私空间来完善他们的婚姻。近来，西方文化对北非婚礼产生了一些影响，改变着其中的方方面面。

婚姻形式

根据伊斯兰教教法，摩洛哥男人最多娶到四个妻子是合法的，这要根据个人的生活方式和能力而定。换句话说，一夫多妻制——一个男人和多个女人的婚姻——是一种被接受的社会实践。然而，《古兰经》明确规定，男人在再婚前必须做好充 101
分准备，公平公正地对待每一个妻子和孩子。这意味着潜在的一夫多妻者必须确保自己有经济能力照顾家庭，并必须平等地爱他的妻子们。因此，与人们普遍的想法不同，一夫多妻制严格地是为特权阶级而设，而不是好色之徒不加区别地娶妻的许

① 贡泊一史玲：《神圣的表演：伊斯兰、性与牺牲》，206～207。

可证。一夫多妻制家庭的丈夫有责任为妻子和孩子提供体面的住所、医疗保健和衣服，并满足妻子的性需求。如今，许多受过良好教育的女性正在反抗一夫多妻制。在新一代摩洛哥人中，男性开始把一夫多妻视为一种他们负担不起的昂贵生活方式。从这个角度来看，我们可以理解为什么一夫多妻制在今天的摩洛哥可能是合法的，但并没有广泛实施。相反，一夫一妻制正逐渐成为一种新趋势。

另一种多重婚姻是一妻多夫制，即一个女人和几个男人的婚姻。摩洛哥的一妻多夫制只存在于理论上。在大多数父权制社会，包括摩洛哥，妇女不可在不与第一个丈夫离婚的情况下嫁给一个以上的丈夫。

离　婚

对于穆斯林丈夫来说，离婚看起来是一个看单的过程，在证人面前重复“我和你离婚了”三遍即可。然而，实际并不总是那么简单。有些规定可能要求丈夫在一段相当长的时间内把这些话念出来，在这段时间内，可以申请仲裁，也许还能挽救这段关系。在此期间，父亲、长辈、家庭和亲戚可能会当面讨论问题，并恳求丈夫和妻子重新考虑他们的决定。一个女人很难与她的丈夫离婚，因为分离被认为是非常消极的，尽管不是完全不可以。因此，夫妻双方离婚必须有充分的理由。通常分离的原因包括丈夫不能为妻子（或妻子们）和孩子提供适当的财政和物质支持；通奸，尤指妻子通奸；妻子不能生育孩子，尤其是男孩。在上述任何一种情况下，男人可能决定另娶一个妻子或寻求离婚。当每一次挽救一段关系的努力都无法达成和解时，当地法官可能会同意离婚。如果法官发现丈夫有过错或存在虐待妻子的行为，他必须拿出他财产的一部分作为和解费，并没收他妻子带来的房子里的家具。此外，不忠的丈夫可能需要支付他的前配偶三个月的赡养费。如果女方被判有 102
罪，尤其是通奸，她就会被没收赡养费和家具。

分居之后，法律通常允许这对夫妇的孩子留在他们的父亲身边。然而，可以采取一些灵活的措施来帮助减少对未成年人的心理和生理伤害。例如，离婚后，两岁以上的孩子可以和他们的父亲或母亲住在一起，直到他们的父亲再婚。年龄小于2岁的还在，尤其是女孩，可以和母亲待在一起。但当他们成年或母亲结婚时，他们必须回到他们的父亲身边。[①]

家庭和性别角色

在大多数穆斯林社会中，男女关系以一种可能被视为构成独立的子社会的方式存在。然而，在摩洛哥，这种形式的社会组织自20世纪90年代以来已经逐渐改变。例如，1993年在摩洛哥中部扎维亚的一项研究显示，男女同校的公共机构、流行音乐、电视和城市近郊旅行机构正在逐渐改变这些社区的性

① 凡妮莎·马赫：《摩洛哥的妇女及其财产》，（剑桥：剑桥大学出版社，1974），193～202。

态度和习俗，因为男女之间的接触越来越密切。[1] 男性在社会中的重要性主要表现在丈夫期待妻子培养儿子。妻子若不能满足这种期望，有时就足以使丈夫要么寻求离婚，要么开始一段一夫多妻的关系。

妇女在社会中的态度和作用很大程度上是由人们的世界观、风俗习惯所决定的，包括普遍的经济、人口和政治文化。[2] 一般来说，男人享有较高的社会地位，在生活的某些方面似乎支配着女人。一个典型的女人角色的概念是照顾她的孩子和家庭。在男人外出工作的时候，她有责任去购物、做饭、吃饭和教育孩子。摩洛哥妇女负责房屋保洁。在闲暇的时候，她们可以拜访家庭成员、朋友，或在附近的圣地或清真寺做礼拜。即使在农村地区，柏柏尔妇女与丈夫共同分担农事、不带面纱，她们仍有义务履行照顾孩子和准备食物的主要责任。此外，穆斯林妇女很少陪伴她们的丈夫参加家庭以外的社会活动，尤其是因为她们在家里有那么多的活来占据她们的日常生活。而男性的生活则没那么多条条框框，人们期待女性（但不是强迫）坚持某些行为准则，尤其是婚前。例如，年轻女性同异族或其他信仰的人结婚、在没有得到父母同意的情况下出国旅行，或者在深夜无人陪伴，都会被认为是粗鲁的。在摩洛哥，绝大多数阿拉伯妇女都被禁止嫁给法国人、西班牙人或

---

① 道格拉斯·A. 戴维斯与苏珊·谢弗·戴维斯："摩洛哥城镇的性价值观"，W. J. 隆纳与 R. S. 马尔帕斯编辑，载《心理与文化》，（尼达姆高地，马萨诸塞州：阿林和贝根出版社，1993），225 ~ 230。

② 拉结·西蒙："在家庭和外部世界之间：现代中东和北非的犹太女孩"，载《犹太社会研究》第 7 卷，第 1 期（2000）：81 ~ 108。

犹太男人，但他们的男人可以自由地与外人结婚。与男人不同 103
的是，女人在公共场合会因吸烟而受到责骂。当妻子犯错误时，男人会揍她，这也是男人文化的一部分，但这在西方社会被普遍认为是虐待行为。

男性统治的概念既非外人所认为的那样简单单一，实际操作中也并非千篇一律。正如一份研究报告所指出的，“对家庭结构和运作的更仔细的研究揭示了一个相当大的‘未分配权力’的存在，这是妇女为了满足自己的需要和愿望而争取和利用的。”[①] 例如，一个女人的年龄和家庭地位对她在社会上的影响和社会决策中扮演着重要的角色。年龄较大的妇女受到高度尊重，经常得到孩子们的支持。她们被尊为有智慧、有责任心、值得信赖的人。此外，尽管柏柏尔妇女在农村享有更多的自由，但一些受过教育的城市妇女相对于受教育程度较低的妇女享有相对的尊重和自由。同样，没有受过教育的男性比受教育的男性表现出更传统的劳动形式。1997 年，由国际粮食与农业发展组织（IFAD）在摩洛哥东部乌季达省的塔福尔特·塔乌里斯特地区做的一项研究已经表明：女人通常渴望成为“富裕的女人，”这并不意味着她们不从事卑微的工作，如编织、取水和畜牧。在较贫困的家庭中，为了家庭的利益，男人和女人须在这些问题上达成妥协。[②]

---

① 阿迈勒·拉萨姆：“摩洛哥的妇女与家庭权力”，载《国际中东研究杂志》第 12 期（1980）：171。

② 国际粮食和农业发展组织：《农村家庭的生存、变化和决策：东摩洛哥三个村庄的个案研究》，（罗马：农发基金，1997），1 ~ 2。

在过去，政府、法律、福利和贸易等公共领域专属于男性。今天，妇女积极参与政府和商业活动，她们是政治代表、大使、航空公司飞行员、公司董事和皇家顾问。一些女性已经成为著名的学者、世界运动员、作家、出版商、记者和活动家。此外，通过形式女性权力和手段，女性有时会获得成功。有些妻子可能会诉诸巫术或通过一些手段试图影响他们的丈夫爱他们，而不是寻求一夫多妻制。

在摩洛哥，父权统治仍然主导着社会秩序，但总体而言，性别歧视有所减少。妇女现在可以自由地追求大学教育，她们的职业前景也在继续扩大。

社会化

摩洛哥家庭的主要作用之一是使年轻成员社会化，使之从属于某些主要的社会文化价值观和实践。摩洛哥的大多数家庭都不在传统的期望上打折扣，这些期望是由宗教、语言、性
104 别、社会经济地位、出生顺序、家庭、社区以及诸如容忍、焦虑、想象和认同等个人因素所决定的。孩子们在家庭中长大，尊重这些传统。像照顾老人这样的做法往往能保证福利的连续性，为所有人提供更好更安全的未来。因此，用传统社会价值教诲年轻成员，这不仅是对弱者和老人在道德的尊重和照顾，也是表明年轻人尊重这一实践，确保未来这样的赞助将得到延续。

家庭还强调成员在亲属团体中的重要地位以及成员与他们的直接社区的身份认同。其目的是防止人们将自己视为只对自

己负责的人。大家庭在丧亲之痛、艰难困苦和其他生活的考验中为成员提供帮助和保护。因此，亲属团体期待其中较年轻的成员与该社群保持密切关系，在其中成长并在其中获取一定的地位，以取代已故的长者，成为该组织的族长或监护人。

这个职位的发展阶段和成熟度各不相同。因此，成人期可以通过各种“启动”仪式来标记，即出生、洗礼或命名仪式、割礼、婚姻、为人父母等。对于女性来说，过渡到成年期与婚姻有关，这需要充分的准备。作为年轻的孩子，女孩并没有受到歧视，但随着青春期的开始，女孩与男孩分开——这是一个预防措施，以保护年轻女性的童贞，并为她们作为母亲的未来角色做好准备。母亲们会尽早开始在家庭管理的艺术中教育她们的女儿。在包括摩洛哥在内的大多数非洲国家，婚姻都是女性一生中最重要的时刻。因此，充分的准备是一种规范，而不是法律。在追求者到来之前的几年里，女孩们开始参加她们的姐姐、表兄弟姐妹和朋友的婚礼。她们参加唱歌、跳舞和宴会仪式，而这些通常标志着婚姻生活的开始。由此，她们将婚姻程序内化。在她们童年的早期，女孩们也被要求蒙面，被告知这是女人得体的穿衣打扮。这种传统的着装方式增加了对女性和家庭的尊重。更重要的是，穆斯林女孩接受的训教是将婚外性行为视为对社会秩序的危害。尽管婚姻被认为是成人生活的重要组成部分，但女性的隐居却可以控制放荡不羁的性行为。这种社会文化是由通过家庭而不是其他任何正规的机构来教育孩子的。

作为成年人，孩子们根据个人兴趣加入不同的男性或女性 105
群体、职业公会、宗教组织和不同的职业生涯。有些职业可能需要特殊技能才能成为会员，因此并非对所有人都开放。此外，家庭是最能为其成员提供最佳的行动方向，以实现职业目标的。因此，职业群体对儿童和成人都很重要。位高权重的家庭期望他们的成员通过崇高的抱负和成就来维持家庭荣誉。贫穷的家庭同样期望他们的成员实现鸡犬升天，这也是司空见惯的事。所有要求保持家庭成就或获取超额成就的压力都是为了维护家庭荣誉。

社会变革

从 1912 年的欧洲殖民主义开始到 1956 年的殖民统治结束，摩洛哥经历了许多社会变革。随着西方教育的扩张，新的全球现金经济、复杂的官僚主义、新的政治需求的出现以及社会动员的机会增加，许多人已经开始拒绝集体生活的要求，转而支持个性的概念，而旧的家庭纽带继续被打破。此外，随着政府推进其现代化进程，试图降低文盲、失业和贫困水平，受过教育的年轻一代越来越多地选择在婚姻中建立自己的独立家庭，摆脱父母和亲属的控制。其他强有力的社会变革的诱因包括电视、广播、磁带、书籍、电影、旅行，还有最近出现的互联网。

受过西方教育的精英们深受西方思想的影响，因此他们中的许多人现在认为一夫多妻制是一种不正常现象。城市环境、西式教育和现代经济倾向于使一夫一妻制成为精英阶层中最普遍的一种安排，特别是在他们想要和其他社会的同龄人一样，保持更高的生活水平的时候。对于这个群体来说，当一个人的家庭规模作为衡量社会成功的标准时，年龄就已被忽略了。现在，最重要的是你的职业生涯。此外，成功的其他物理表现，包括个人驾驶的汽车（也许不止一辆）、衣着方式或成功的商业所有权、富丽堂皇的住宅，甚至是与欧洲或其他西方国家的联系，对年轻一代来说都很重要。

摩洛哥社会变化的另一个方面可以从最近的婚礼庆祝方式的变化中观察到。传统上，在穆斯林社会和非洲社会举行的婚礼上都有奢华的宴会和昂贵的礼服和装饰。随着经济的衰退，夫妻们开始用简单的仪式凑合。而且，在正式订婚后，年轻人 106
在一起生活是再普通不过的事情。在过去，正式的订婚仪式是在真正的婚礼前一年举行的。现在，特别是在市中心，订婚可能会取代婚礼本身，类似于美国和欧洲的习俗，从而证明新娘的婚前性美德已不是问题。此外，随着压力的增加和对遵照传统的焦虑，对女性童贞的期望也在逐渐改变。最近在扎维亚地区的一项研究表明，在婚礼前有性行为的夫妇要么自残，取自己的血带到婚礼上，要么甚至把动物的血偷偷带进卧室，作为处女的标志。①

另一项最近的研究指出，在家庭内部，职业母亲们开始花更多的时间离开家庭。根据一位摩洛哥女作家的说法，许多妇女，特别是城市里的妇女，现在更多地享有接受高等教育的自由，而这在过去是不可能的。因此，这些女性在接受培训后倾

---

① 戴维斯和戴维斯，“性价值观”，226～229。

向于追求不同的职业生涯。[①] 像法律和新闻这样的职业使得让妇女很少有时间抚养大量的孩子。尽管大多数摩洛哥男人，尤其是那些较少接受西方文化的男人，仍然倾向于拥有一个传统的家庭主妇，但与一个受过教育的妻子结婚，并拥有一个不断增长的事业，这已经成为一种威望的来源，尤其是在那些西化的精英阶层中。

最显著的变化是关于妇女在社会地位的变化。随着来自受过西方教育的女性的抗议越来越多（她们也是社会活动家和作家），女性开始更多地参与家庭以外的活动。例如，尽管大多数女性仍然戴面纱，但其他一些人倾向于穿得更自由，包括采用西式服装。大多数仍然坚持戴面纱的人，是出于传统而非强迫。尽管摩洛哥妇女似乎比许多其他穆斯林社会的妇女享有更多的自由，但在提高妇女地位和保护妇女权利方面仍有改进的余地。

---

① 法蒂玛·阿格婞：《摩洛哥的性别、文化与权力》，（纽约：路特利奇出版社，2004）。

第七章　社会习俗与生活方式

在摩洛哥，许多社会习俗和惯例都与家庭庆典有关，如孩 109
子的出生、割礼、结婚、死亡以及家庭成员从麦加朝圣归来。主要的宗教节日和假日包括穆罕默德——真主的神圣先知出生纪念日、开斋节以及纪念亚伯拉罕用羊代替他儿子为上帝献祭的活动。另一些庆典则是与重新建立社区纽带、体育和音乐竞赛有关，此外，还有纪念国家团结的活动（如独立日）和绿色游行日。文化生活反映了本土行业风俗和文化的弹性以及根植于现代经济的西方新兴生活方式。

传统上，摩洛哥人是群居的，其最好例证便是宗教和家族兄弟情谊的多样性和普遍性上。拥抱、亲吻和长时间握手等夸张的行礼方式是人们表达热情和情感的方式。到访摩洛哥传统开放市场的客人可能会发现四周充斥着各种形式的活动和欢乐：智力活动、体育竞技、宗教辩论；嘘声、讨价还价声、八卦声、笑声；音乐歌手和舞者、祷告者、魔术师、杂技演员、说书人、耍蛇人、马戏团的猴子以及频繁的礼仪问候或敬礼。习俗和生活方式的这些方面反映了社会环境的多样性，以及人们对他们社会和周围世界的广泛了解。摩洛哥人经常通过各种

现代通信渠道，包括电台、报纸、电视、有线电视网络和网络
110 媒体等，不断追踪世界各地的事件。一般来说，包括摩洛哥在内的非洲学校的孩子们所受的教育要比他们在美国的同龄人多。

社会和团体的互动很重要，不论是宗教团体、政治团体或文化团体。一般来说，家庭和社区利益高于个人主义。社会集会以多种方式进行，但最起码得符合伊斯兰教的最低标准。不论他们是什么背景，穆斯林、犹太人、基督教徒、阿拉伯人、柏柏尔人、非洲人、欧洲人或是其他一些团体，大家都会与家人、朋友和熟人举行庆祝活动。在这样的场合，主人们常会提供食物、饮料和音乐以示慷慨。

社会关系

人际关系遵循一种行为准则，强调尊重或尊严、慷慨、荣誉、分享和款待。宗教习俗是最重要的，对日常生活也有影响。理想情况下，良好的道德标准和诚实的道德准则被认为是人际关系不可分割的一部分。可能是由于穆斯林有好客的习俗，也可能是沙漠环境资源稀缺以及对陌生人的特殊尊重，在摩洛哥所有地区，热情好客都成为社会的中心环节。在乡村，人们经常邀请陌生人和熟人到家里吃午饭或吃晚饭。在这种情况下，主人会给游客提供一些选择，比如肉和其他不属于家庭日常菜单的美食。如果这个陌生人是个男人，他不应该期望房子里的女人会和男人一起坐在餐桌上，而客人也不应该问为什么。客人不应该用左手吃饭，因为这在文化中被认为是无礼的。在伊斯兰和非洲文化中，左手是用来处理被认为不洁的东

西的。通常，在家里吃饭的时候都是公用的盘子。对游客来说，只取食眼前的东西并接受所提供的一切食物是有礼貌的表现。

典　礼

摩洛哥的典礼包括仪式、规范或约定的一套正式流程。一些日常的典礼与过程有关；另一些则与人们的信仰体系有关。通过典礼，每个参与者表现出他们对礼貌或社交礼仪的尊重。个人通过遵守典礼程序，能够重申对他人和他们的习俗的承 111
诺。典礼从来不缺乏动作、歌曲、舞蹈、祈祷和欢乐。

在摩洛哥，孩子出生后的第七天，他们会用羊羔大餐来庆祝。这通常是父母、祖父母、叔叔、婶婶、堂兄妹和其他家庭和朋友一起聚会的场合，以此表达他们对最新的成员到来表示高兴。他们会精心祈祷并制作羔羊肉，这是欢迎新生儿加入社会的仪式的一部分。通常孩子名字的选取会反映他或她的家庭历史和/或宗教身份。对大多数父母来说，诸如穆罕默德（或穆罕默德）、艾赛巴、穆萨（摩西）、阿里（诺贝尔）、苏莱曼（所罗门）和法蒂玛（先知穆罕默德的女儿）都是首选。长名字也有，诸如阿布·阿卜杜拉·穆罕默德·伊本·穆罕默德·伊本·穆罕默德·伊本·阿卜杜·伊德里斯·伊德里斯·伊德里斯·阿尔—哈萨尼（1100～1165年），这位备受尊敬的植物学家和地理学家的名字讲述了他的家族系谱、宗教身份以及出生地的更深层次的历史。在父系社会里，孩子们取父亲的名（例如，穆萨·伊本·艾斯巴依意思是穆萨是艾斯巴依的儿子）。

根据亚伯拉罕宗教的通行做法，男婴在出生后不久即行割礼。尽管在《古兰经》中没有特别提到割礼，但大多数伊斯兰社会在男童婴儿期就开始了阴茎包皮的切除，这与非洲其他地区和犹太人一样。女性割礼在摩洛哥并不常见，但也可在女性婴儿期或青春期进行阴蒂切除术。对男性来说，割礼仪式标志着新生儿进入了当地社区的文化和宗教。对于女性来说，这标志着她为已婚女性扮演的成年角色做好了重要准备。作为仪式的一部分，要为孩子举行一场盛宴。孩子们穿着传统的衣服，客人向婴儿撒礼物和钱。尽管大多数儿童在婴儿时期就接受过割礼，但有些父母直到他们的孩子四岁或四岁以上时才遵守这一仪式。在这种情况下，这位男孩的年龄已经足够大到可与他的父亲和其他成年男性多待一段时间，他也可以陪伴老人到清真寺。① 同样的，一个女孩若在青春期才开始阴蒂切除术，则会花更多的时间在她的母亲和其他成年女性成员的陪伴下，为她未来的婚姻生活做准备。

和其他穆斯林社会一样，传统的古兰经教育是摩洛哥生活发展阶段的重要组成部分。直到最近，教育的重点一直在培养学习者对《古兰经》的背诵。学习者完成《古兰经》记忆的
112 能力被认为是他或她的成长和发展的基本组成部分。学习完成后，会有一个为期一周的庆祝活动。毕业生们，和他们的家人、老师和朋友一起，通过他们所在的社区背诵祈祷和赞美

① 卡洛林·福伦—洛班：《现实中的伊斯兰社会》，第 2 版（盖恩斯维尔：佛罗里达大学出版社，2004），112。

诗。当游行队伍经过时，邻居们向学生们致礼，并赠送礼物。通常，骄傲的父母会宰羊，为家人和朋友准备菜肴。如今，《古兰经》教育仍然是摩洛哥人生活的重要组成部分，但西方式的教育已经占据了优势地位，因为它很好地使个人具备在现代经济中取得成功的技能。因此，一些摩洛哥人现在用感恩、宴会、音乐和舞蹈的祈祷来庆祝他们的儿子和女儿从大学毕业。

标志着过渡到成年的仪式，如婚礼，被视为一个社区活动。婚姻是摩洛哥最重要的仪式之一。这是对夫妇以及他们的家人和亲属的生活期望的最高标准。因此，奢华的婚礼仍然很常见，并不是例外。由于生活方式、阶级、受西方影响程度、受教育程度和家庭背景不同，婚礼庆祝活动各不相同。越来越多的年轻一代开始回避传统的奢华婚宴，选择更随和的庆祝方式。

葬礼仪式标志着生命周期的结束，是人的“过渡”仪式。在伊斯兰世界，一般给予死者一个简单而快速的葬礼，通常在他们被宣布临床死亡后的日落之前。作为一种传统，在清真寺外进行神圣的服务是必需的，以纪念死者的灵魂和所有死去的穆斯林的灵魂得到永恒的安息。尸体经过一个同性别的人按仪式要求净化，包裹在裹尸布里。如果死者是个烈士，那么这个精心准备的过程会有不同。殉道者通常不被清洗，他们的尸体通常不被裹在白色的裹尸布里。他们被埋葬在他们死去的州作为他们事业的见证，因为他们的勇敢和牺牲应该得到回报。

在摩洛哥埋葬逝者是一个家庭和社区事件。当埋葬队伍经过时，大家会背诵祈祷词，而同情者将会加入哀悼者的行列来诵经祈祷，并帮助将尸体（至少在一定的距离内）抬到最后安息之处。只有死者的男性亲属才会把尸体放在坟墓里，尸体被放置在朝向麦加的位置上。棺材可以用来抬死人，但尸体不会埋在里面。虔诚的信徒会继续用念祈祷词的方式悼念死者几天，祈求真主（安拉）保佑他的灵魂。因为伊斯兰教相信死
113 后重生，死者的哀悼通常是短暂的。作为摩洛哥新兴的民间伊斯兰教的一部分，马拉布（北非伊斯兰隐士）仍然把葬礼视作是一种神圣的崇拜。在这种情况下，死后的生命会在一种不同的维度出现，他们相信会以特殊的祝福或罕见的神恩（巴拉卡）的方式在当地社区人们敬重的圣人和贵族身上得到体现。巴拉卡是日常生活的一部分，是上帝意志的具体表现，可以用来解释某些事情是如何发生的。[①] 然而，对于受过西方教育的精英来说，这种对当地圣徒的忠诚已经过时了。

此外，还有一类属于家庭活动范畴的大型庆祝活动——纪念一名家庭成员从麦加一年一度的宗教朝圣之旅归来。前往麦加是伊斯兰信仰的五功之一，这往往是一项艰巨的任务。能够负担得起旅费的摩洛哥人会加入来自 70 多个伊斯兰国家的数百万朝圣者，从摩洛哥穿越地中海到沙特阿拉伯，途经开罗、巴格达，甚至穿越红海，距离遥远、险象环生，会遇到暴风雨、抢劫以及沿途国家可能发生的政治动荡等不测。以前，海盗和街匪路霸伏击朝圣者的队伍。那些骑着骆驼或坐船去朝圣的人时常命丧黄泉。如今，飞行大大降低了道路和海上交通的

① 达勒 · F. 艾可曼：《摩洛哥伊斯兰：朝圣中心的传统和社会》，（奥斯汀：德克萨斯大学出版社，1976），158。

危险，但在每年麦加的活动中，窒息、踩踏或脱水的可能性仍然是朝圣者面临着的挑战。考虑到这些风险，一名成员若能成功地从艰难但必需的旅行中归来，是值得与家人、邻居和朋友一起庆祝和感恩的日子。通常，主人会提供食物、饮料、音乐，并为归来的朝圣者提供感恩的祷告。朝圣归来的男人被称作哈吉，女人被称作哈加。

文化和民族节日

摩洛哥人有各种各样的节日和假日，这些节日植根于宗教
价值观、国家活动、民间传说和流行文化。通常，在国王的批
准下，每一个重大的宗教和全国性的庆祝活动都是用两天的假
期来庆祝的。和西历（1582 年教皇格里高利十三世改革后的
公历）不同，大多数年度活动的日期并不是固定的。这是因
为农历或农业收成周期决定了日期。在伊斯兰教中，宗教节日
严格遵循阴历，每个月从新月出现开始。因此，不同的节日不
会在每年的同一天出现。尽管宗教节日是由阴历决定的，但摩 114
洛哥的公民生活是按照当代日历进行的。根据该日历，周末由
星期六和星期日组成。此外，摩洛哥人并不认为周五是一个没
有工作的日子（大多数伊斯兰国家周五不工作）。当然，政府
和私营企业还是延长了午休时间，让礼拜者有足够的时间来进
行周五的祈祷。摩洛哥人用祈祷和游行庆祝他们的节日，到处
是华丽的传统服饰、歌曲、舞蹈、美食和饮料。与大多数伊斯
兰国家不同的是，禁止饮酒的规定并没有严格执行，年轻人和
其他人一起在一些私人和公共场合举杯共饮。

在摩洛哥的宗教节日中，最受欢迎的是古尔邦节、斋月、先知诞生日和穆哈拉姆节以及各种其他节日或庆典，其中包括受欢迎的年度马术节。这些庆祝活动是按照古老的、规定的仪式进行的，包括祈祷、丰盛的宴会、音乐、舞蹈、游行和焰火。古尔邦节是伊斯兰世界最古老、最重要的宗教节日之一，在1月下旬或2月或3月初出现。它是为了纪念亚伯拉罕坚定地愿意牺牲他唯一的儿子以撒（或以实玛利），因为这是神所吩咐的。这是一个非常重要的节日，商店、餐馆和其他的企业为了纪念这个事件而关门歇业。世界各地的穆斯林认为，古尔邦节是证明自己不退缩、坚决服从上帝的时节，要以亚伯拉罕为榜样，通过赠送礼物、信守承诺做出额外的牺牲。古尔邦节在时间上也正值穆斯林遵循传统去麦加朝圣的季节。在古尔邦节期间，经济条件过得去的家庭通常会宰杀一只绵羊或公羊来庆祝。在庆祝活动的前几周，这些动物在每个社区都被显著地拴在一起。家庭首领主持献祭仪式，把动物的头转向麦加，然后割断它的喉咙。这是在模仿亚伯拉罕遵照神的指令，用一只羊来代替他的儿子。肉精心准备，羊的不同部分被装于特制的碗碟中或用于制作烤肉。按照先知的传统，所有的肉都要分成三部分来分享。三分之一分发给其他家庭和朋友作为礼物。另外三分之一是专门为穷人预留的，而守宴的家庭则保留其余的。

开斋节标志着斋月的结束，与基督教的大斋时节相似。[①]因为日期是根据月亮历确定的，所以每年节日日期都不尽相

① 斋月字面上可以翻译为“热月”。

同。2005 年，开斋节将在 11 月 1 日或 4 日举行。日期可能会变，这要根据是否能够望见月亮而确定。然而，专家们已认为 115
11 月 4 日可能性最大。各个穆斯林家庭通常都各自过节。在伊斯兰教历第九个月——斋月期间，穆斯林加入斋戒并进行祈祷。斋月是为纪念真主向先知穆罕默德启示《古兰经》。根据法律，摩洛哥人禁止有任何蔑视斋戒的行为，但通常每年都有一些年轻人因违反这一条被监禁。在斋月期间，人们禁止在日出和日落之间吃喝、吸烟、嚼口香糖和做爱。打架、说谎、说别人的坏话也被禁止，还应该避免不必要的争吵。经历了这一宗教反思和精神复兴，到了最后阶段，人们庆祝他们成功履行了艰难的宗教义务，互致“开斋节欢乐幸福”。参加庆典的人们穿着新衣赶来聚会，拜访朋友和亲属，享受奢华的盛宴，一起祈祷。日出后不久开始的开斋节祈祷会在大型清真寺或开放的地方举行，以便数千礼拜者同时参与。祈祷结束后，人们回家破斋，随即开始庆祝活动。大多数有经济能力的家庭都应该遵守伊斯兰教的义务，给穷人提供物质或金钱馈赠。

斋月结束后三个月整，便是穆哈拉姆节。穆哈拉姆标志着穆斯林新年的开始，相当于格里高利日历（或西历）的新年庆祝活动。庆祝的日期同样是不确定的，因为月亮历会有变化，但通常是在 2 月到 3 月之间。对大多数摩洛哥穆斯林来说，那些严格遵守真主的教义和传统的逊尼派教徒，伊斯兰历的第一天会有一整天的大活动。穆哈拉姆月的第 10 天，被称为阿舒拉节，是神从法老处拯救先知摩西的日子。对什叶派穆斯林（他们认为先知穆罕默德的女婿——哈里发阿里才是伊斯兰哈里发的合法继承人），穆哈拉姆节是个哀悼阿里的儿子——侯赛因的时节，通常纪念活动要持续10天。侯赛因死于680年的卡尔巴拉（今天的伊拉克）战役。根据什叶派的说法，侯赛因的死断送了阿里的后代最终领导穆斯林世界的期望。什叶派教徒以戏剧、歌曲、鞭打和庄严的游行的形式来度过穆哈拉姆节，以此来表达他们的悲伤。这些人常常会自我折磨或自残。此外，一些什叶派教徒还前往侯赛因被杀的伊拉克
116 卡尔巴拉朝圣。穆哈拉姆节的第10天，也是最后一天，标志着庆祝活动达到高潮，根据什叶派教徒的记忆，这一天是侯赛因死亡的确切日期。

一年一度的穆罕默德出生纪念日通常在5月到6月之间举行（取决于月亮历），以纪念先知穆罕默德的诞生。这个节日相当于基督教的圣诞节。在摩洛哥，这一活动在国家首都拉巴特—萨来（又称达累斯萨拉姆）举行，其中会有大型表演及点蜡烛游行。摩洛哥人认为穆罕默德出生纪念日是一个兴奋和欢乐的时刻。人们用特别的祈祷、拜访家人、朋友和熟人等方式来庆祝这一节日。在这段时间里，人们会为客人提供食物和娱乐，以此来表现他们的好客。

从9月到10月底，摩洛哥各地都有一系列的节日，可以称为慕赛（或称 ammougars）。今天摩洛哥最受欢迎的旅游景点之一就是各式各样的慕赛。其中一个是典型的苏菲派节日。这是一个以社区为基础的活动，以纪念许多当地的圣人（或称民间贤胜）。他们的墓地遍及全国，庆祝活动通常也会在个别圣人的墓地附近举行。还有一些小型的庆典活动，可以是集市的特别日，也可以是丰收庆祝日，比如南临撒哈拉的人气市场古里明市场。古里明市场以其周六的图阿雷格骆驼市场而闻

名。图阿雷格人被称为“蓝色的人”，因为他们身着蓝色长袍，且身上涂着靛蓝。市场一周开一次，为久坐不动的当地居民提供了文化表达和买卖的机会。它也是魔术师和著名的古德拉舞者的故乡，这些迷人的场景经常出现在国际电影中。

还有一些庆祝活动也吸引了来自四面八方的游客。9 月的第三个星期，在西迪·穆罕默德·马嘎尼的墓地附近举行的柏柏尔新娘米奇节（也被称为 *M'aa-al Ainine*）是一个颇受欢迎的地方活动。这个节日是为了纪念阿特拉斯山脉中一名备受尊敬的守护神。该活动吸引了不同的民族的人前来。人们聚集在一起跳舞、唱歌、品尝美味，为他们的守护神祈祷。人们期望在他的坟墓周围集会——这种特殊形式的巴拉卡会给他们带来特殊的好处，包括成功、康复、生育和健康。在节日期间，当地的柏柏尔妇女身着色彩鲜艳的传统服装，佩戴银饰。这是一个正式的家庭事件，为未婚女性提供一个寻找潜在配偶的平台。人们普遍认为，在这个节日里，所有的婚姻都受到守护神的祝福，这意味着婚姻会幸福美满。

一些文化庆祝活动没有那么强烈的宗教意义。例如，在 6 117
月至 7 月之间，一年一度的国家民俗文化节（或艺术节）在 16 世纪萨阿迪王朝（1550～1668 年）的巴迪宫殿遗址举行。[1] 艺术节已经成为摩洛哥日益增长的旅游景点之一，有舞蹈演

---

① 约 1550 年，创建萨阿迪王朝的柏柏尔人在其首领穆罕默德·阿勒·马赫迪领导下从葡萄牙人手中夺取摩洛哥南部的控制权。1551 年，这些领袖进一步控制摩洛哥，包括在马拉喀什站稳脚跟。也正是在这一时期，当时史上最为考究的建筑之一——巴迪宫得以建成。具体参见 E. W. 波维尔：《摩尔人的金色贸易》，（牛津：牛津大学出版社，1968），167～168。

员、流动艺人、音乐家、艺术家、杂技演员、舞者、画家、手工艺人、小贩、耍蛇者和食火者，他们都提供娱乐表演。这个节日的其他特别吸引人之处是精心设计的骑马表演。丰富的马术表演最初是在菲斯以北 46 公里处的蒂萨镇举行的，但自 1976 年以来，它每年都在梅克内斯举行，这也是一个邻近的小镇，位于菲斯南部。每年 9 月，庆祝活动开始时，来自扎扬当地的妇女骑着马进行游行，后面跟着他们的男人。在游行之后不久就出现了所谓的“火药节”，顾名思义，其中有爆炸和枪声。与此同时，骑手们根据各自的等级组织排列有序，一波骑手离开后，另一波骑手紧接其后，疾驰的马蹄声此起彼伏。马匹的快速移动伴随着骑手的尖叫声，和着他们长官发出的命令。直到听到另外一声枪火（他们自制的步枪，被称为穆哈哈拉）声响起，整个表演才落幕。表演结束后，最优秀的表演者会获得奖励，随后人们会在一个大厅里载歌载舞。

十月初是丰收的季节，在梅克内斯以东的埃尔夫德会举行椰枣节（或“沙漠水果节”）。在这里，每年大约收获 100 万颗不同品种的椰枣。椰枣是摩洛哥很受欢迎的一种美食，而当地的人们则在很大程度上依赖于椰枣创收。椰枣节给人们提供了一个机会，让其与家人和朋友一起庆祝他们的农业成功。在活动期间，人们既可享受美食，也可欣赏音乐和舞蹈之类的文化表演。

除了宗教和文化节日，摩洛哥还有四个重要的世俗节日。这些节日提醒着人们有关他们国家最近的政治历史，包括他们脱离欧洲殖民统治获得自由以及与邻国西撒哈拉之间颇有争议的关系。1956 年 3 月 2 日，《菲斯条约》成为历史，摩洛哥恢复独立。3 月 3 日，国王穆罕默德五世成为国家元首，把摩洛哥从伊斯兰教苏丹国改为君主制，标志着主权国家诞生。然而摩洛哥人通常在 11 月 18 日庆祝他们的独立日。这一天被认定为全国性的节日，借此表达他们对民族的英雄儿女为从法国殖 118
民统治中解放出来而牺牲的敬意。第二个世俗化的国家假日被称为“皇位日”，是 1961 年国王哈桑二世登基纪念日。庆祝活动在 3 月 3 日举行。第三个国庆节是“绿色游行日”，该节日是为了纪念 1975 年 11 月 6 日，约有524 000名男女自愿响应国王的号召，前往西撒哈拉，要求在西班牙殖民统治结束后，摩洛哥应对该地区恢复行使主权。今天，这一历史性的游行被认为是摩洛哥民族主义的重要表现。“统一日”（尽管历史上与“绿色游行日”联系在一起）是第四个国家节日，以纪念 1979 年 8 月 14 日摩洛哥宣布与西撒哈拉统一。

新旧形式的文化和国家节日正在出现，以适应社会的不断变革。例如，在最近的一段时间里，古老的菲斯城已经成为世界神圣音乐节的主办城市。一年一度的节日让人们有机会聆听来自世界各地不同的传统音乐，包括来自中东和西方的神圣曲调。这个为期一周的活动有展览、讲座、知识和艺术表演，也有土耳其的苏菲派音乐、阿拉伯安达卢西亚音乐、贝特朗斯音乐、凯尔特圣歌、基督教福音音乐、印度斯坦圣歌和摩洛哥爱乐乐团。

娱乐和体育活动

摩洛哥人喜欢运动和休闲活动。他们热衷的运动和消遣活动包括滑雪、游泳、篮球、打猎、钓鱼、徒步旅行、高尔夫、田径等。然而，在摩洛哥最受欢迎的运动是足球，这与大多数非洲和欧洲国家一样。摩洛哥国家队，通常被称为阿特拉斯狮子队，仍然是非洲最受尊敬的国家队之一，成绩斐然。例如，在 1998 年的世界杯上，阿特拉斯狮子队是第一支几乎进入四分之一决赛的非洲球队。摩洛哥培养出了世界级的足球运动员：穆罕默德·提乌尼（1985 年）、穆斯塔法·哈吉（1998 年）和艾哈迈德·法拉斯（1975 年），这些人也被选为接下来几年的“非洲足球运动员”。政府对足球大力支持，最好的证明是摩洛哥多次尝试申办在一个以已故国王穆罕默德五世命名的最先进的体育场举办世界杯比赛，但未能成功。这个体育场建于 20 世纪 90 年代中期，位于卡萨布兰卡。

摩洛哥培养出了世界级的运动员。其中之一是世界级的中
119 长跑运动员希查姆·艾尔·奎罗伊，他在 2004 年雅典奥运会上获得了两枚奥运金牌，分别是 1500 米和 5000 米。奎罗伊还在世界锦标赛上获得了无数枚金牌。例如，他是 1998 年世界田径锦标赛 1500 米的世界纪录保持者。此外，他还被任命为 2000 年和 2002 年国际田径联合会（IAAF）的运动员。在 20 世纪 80 年代，他的同胞萨伊德·奥迪塔包揽了所有中距离比赛的奖牌。奥迪塔在 1984 年洛杉矶奥运会上获得了一枚金牌，他是 1985 年国际田联大奖赛的总冠军。1987 年，奥迪塔创下了 2000 米和 5000 米的世界纪录。此外，在 1984 年洛杉矶奥运会上，世界顶级的女运动员纳瓦尔·埃尔·穆特瓦塔尔在 400 米跨栏比赛中获得了金牌。她的同胞佐哈·乌阿齐兹在 1999 年世界锦标赛上获得 5000 米银牌。也许摩洛哥人在中长

跑中取得成功并不令人惊讶，因为奎罗伊和奥迪塔都是具有挑战性的国际沙滩马拉松的老手，这可以说是世界上最艰难的马拉松。在网球方面，尤尼斯·艾尔·艾纳乌伊、卡里姆·阿拉米和希卡姆·阿拉兹曾在世界男子网球巡回赛上排名前100。艾诺伊可能是所有摩洛哥网球运动员中最成功的，曾跻身2000年澳大利亚网球公开赛的四分之一决赛。

虽然在摩洛哥还有其他流行的运动，但高尔夫在摩洛哥的统治精英中颇有地位。已故国王哈桑二世被广泛认为是高尔夫球手，因此广受欢迎。许多漂亮的高尔夫球场点缀着这个国家，比如位于拉巴特和阿加迪尔的萨拉姆高尔夫俱乐部。每年在摩洛哥举办三大国际高尔夫比赛，包括国王哈桑二世的奖杯赛、摩洛哥公开赛以及在皇家达累斯萨拉姆高尔夫俱乐部举行的穆罕默德六世高尔夫奖杯赛。

休闲之变革：电影

摩洛哥一直对西方电影人很着迷，尤其是在1942年《卡萨布兰卡》首映之后。在这个穆斯林王国，看电影是一种流行的消遣方式，电影制作也是一种重要的艺术。哈米德·本纳尼于1970年首次出演电影《韦克玛》，被公认为当代摩洛哥电影的先驱。20世纪70年代之前，改编版的埃及情景剧在20世纪60年代超越了欧洲电影，在该国最受欢迎的电影领域占据主导地位。然而，随着《韦克玛》在影院的出现，一场被称为“电影现代性”的新电影运动开始了。这个运动强调电影应该不仅仅是娱乐，它也代表一种艺术，一种思维方式，一

种文化，一种解释现实的方式，一种智力追求，一种基于符号
120 的写作形式，并根据一种新的美学标准来利用环境和地点。电影现代性还能将社会信息告知个人，并将其从迷信、禁忌和威权领导中解放出来。在这种情况下，电影制作人成为"一个知识分子，同时也是他所处的政治和历史时期的观察者"。①这些想法在20世纪70年代末和20世纪80年代初催生出了很多卓越的电影作品，包括苏艾·本·巴尔卡的《一千零一只手》、穆门·斯米伊的《东风》、艾哈迈德·艾尔·马姆尼的《一天又一天》、哈迈德·布阿尼的《海市蜃楼》、吉拉里·菲尔哈迪的《芦苇娃娃》、阿卜杜哈梅尼·塔齐的《巴迪斯》和达伍德·奥拉德-席亚德的《风之马》。② 1987年，政府承认电影业作为一种潜在的收入来源，成立了国家戏剧艺术与文化娱乐协会（NIDACE），负责促进该行业的发展。

今天，摩洛哥电影正在破浪前行，因为它正继续将国家面临的社会和政治问题变成戏剧。它能抓住广泛的兴趣是因为其有赖于使用流行的体裁来描述当前的社会问题。例如，萨阿德·哈莱比的《女性啊，女性》，这是一部关于女权运动的情节剧，在摩洛哥获得了巨大的成功。同样，阿布德尔·卡德尔·拉格塔的《卡萨布兰卡》把现代摩洛哥的城市（尤其是卡萨布兰卡）描绘为：那里的人们生活在恐惧之中。影片将

① 哈马迪·古洛姆："摩洛哥电影史"，节选自2002年11月24日至12月5日在法国南特举行的第24届三大洲电影节资料。

② 有关近期关于这些电影的讨论，参见凯文·德怀尔：《超越卡萨布兰卡：塔齐、摩洛哥电影与第三世界电影制作》，（布鲁明顿：印第安纳大学出版社，2004）。

宗教原教旨主义和政治不确定性描述为社会不稳定的主要根源。纳比尔·阿尤赫的《书信》聚焦于社会贫困导致的犯罪和冲突，关注贫富之间的巨大差距。

虽然外国电影也被电影观众所喜爱，但那些在当地文化环境中产生的电影对人们来说尤其具有吸引力。尽管如此，自20世纪90年代末以来，摩洛哥已经成为流行电影节的举办地。此外，每年12月举行的一年一度的马拉喀什电影节也吸引了来自欧洲、美洲、非洲、亚洲和中东的兴趣。这个节日的目的是为了为前几年的优秀电影喝彩，并为该快速增长的行业引进新的人才。FIFM帮助那些居住在国外的摩洛哥电影制作者们有机会在国内尝试他们作品的成功。例如，哈吉木·贝拉贝的电影《线索》抓住了当地电影评论家的兴趣，因为它触及了现实主义。

亦新亦旧：村庄和城市

当代摩洛哥充满了新与旧、乡村生活和城市生活、贫穷和富有以及受过教育和没有受过教育等矛盾。此外，尽管法国和西班牙殖民统治时期引入了国际资本主义制度和现代职业生 121
涯，但前殖民主义时期对农耕、狩猎、陶艺和其他工艺的追求仍然是日常生活的一部分。随着各届政府继续大力推动王国的农业生产现代化和提高，这一经济领域仍然掌握在农村农民手中。阿特拉斯地区的柏柏尔人和南部的图阿雷格人主要是牧民，他们从一个地方迁移到另一个地方。在农村，生活条件差异很大。牧民们经常住在由羊毛或山羊皮制成的帐篷里，而有些农民则有自己的房子。一般来说，房子很窄，并用传统的方式用石头或黏土建造。牧民在社会等级里地位更低一些。

那些选择过欧洲生活方式的人主要生活在诸如拉巴特、菲斯、卡萨布兰卡和梅克内斯等大城市。城市生活呈现出新旧住宅区的鲜明对比。年龄较大、比较保守的人主要居住在旧的地区（老城），而年轻的中产阶级和成功的商业和政治精英往往会占据更现代的建筑和住所（新城）。精英们也以炫耀性的消费和生活方式而闻名，包括昂贵的汽车、富丽堂皇的房子、昂贵的衣服和珠宝以及昂贵的食物和饮料。

与过去不同，在赌场、夜总会、酒吧和餐馆里看到年轻人是相当普遍的。在马拉喀什和阿格迪尔这样的城镇里，现代的夜总会——一些情色肚皮舞——与传统的音乐娱乐方式共存，比如民间舞蹈。这些截然不同的生活方式表达了现代摩洛哥社会秩序重塑的持续动力。

机构的变化

摩洛哥在各大洲及不同文化交流上看处于战略要地，故摩洛哥一直是一个充满活力的社会，具有跨文化的文化观念，也历经社会政治的变迁。然而，20 世纪的欧洲殖民主义在人民的历史上留下了持久的遗产。在 20 世纪头四十年，变化中的各社会机构如西式教育、现金经济，现代官僚主义、新技术、公路和铁路等基础设施、现代城市、医院等的影响，均保持在 1912 年《菲斯条约》基础上的法国殖民统治时期的最佳水平。然而，在第二次世界大战结束时，西方的影响力在摩洛哥产生了一个更加明显和戏剧性的变化过程。那些生活在农村的人开

始迁移到大城市去寻找新的机会和更好的生活质量。不是每个 122
移民的人都实现了他们的梦想，但他们中有很多人都被卷入了新的战争经济。例如，战争期间港口设施的发展，创造了新的就业机会，特别是在沿海城市。纺织和制糖厂、烟草工厂和食品加工厂等轻工业的建立为年轻人提供了更多的机会。然而，在经济的工业和服务部门中，这些适度地扩张不足以满足越来越多失业人口的需要。20 世纪 50 年代末，摩洛哥独立后，约 80% 的人口生活在农村地区，但 20 世纪 80 年代早期的数字下降到 56% 。20 世纪 90 年代的一项关于读写、文化和发展的研究令人印象深刻。研究显示，尽管对西式教育的渴望在这一时期有所增加，但没有足够的受过教育的人来满足不断变化的经济结构的需求。① 由于失业，有几千人挣扎地生活在棚户区中，收入不稳定，遭受饥饿和贫穷。在这些不幸的人当中，有成功的商人、企业家和住在富丽堂皇的住宅和豪华公寓的地主。自独立以来，政府一直在寻找解决失业、肮脏、文盲问题的办法，创造更多就业机会，扩大教育设施，创造新的经济适用房，特别是在卡萨布兰卡和拉巴特这样的城市。然而，年轻人不断增长，收入来源却不断减少，这都限制了政府有效解决这些持续性问题的能力。

变化中的经济和价值观

经济自由化和现代化的进程推进的同时，人们也会坚持旧

---

① 丹尼尔 A. 瓦格纳：《识字、文化与发展：在摩洛哥认字》，（剑桥：剑桥大学出版社，1993）。

的价值观。在经济方面，国有企业的私有化始于1993年，在最初的4年里，34家国有企业被出售给公众，包括银行、酒店、交通和矿业。由于摩洛哥人购买了这些公司的大部分，所以中产阶级扩大了，股东的数量从1993年的1万人增加到1995年的18万人。此外，到1995年，外国投资为经济贡献了近40亿摩洛哥迪拉姆（约4.766亿美元）。① 虽然经济部门最初的开放在国王的支持下继续扩大，但仍有许多不足之处。例如，备受期待的国有通信行业私有化尚未实现。

123 关于性别关系，根据1996年《宪法》第8条规定，摩洛哥妇女正逐渐享受到更多的自由。最近一项观察显示，在20世纪60年代和70年代，很少有女性在政治上发挥任何作用，因为性别问题被保守的男性统治精英认为是次要的。② 这种态度已经开始改变，摩洛哥人正在逐步放弃一些旧的习俗和价值观。自20世纪80年代以来，女性在政府、学术、法律、医药和其他领域获得了就业机会，获取了更多的权力。其中最瞩目的莫过于女运动员纳瓦尔·埃尔·梅特瓦贝尔1997～1998年担任了青年和体育大臣，她曾在1984年奥运会400米跨栏项目中获得金牌。与过去的做法形成鲜明对比的是，年轻和受教育程度较高的一代越来越多地背弃了一夫多妻制，转而投身大学教育、期待去政府供职，他们迷恋欧洲时尚，在社交俱乐部

---

① C. R. 责尼尔：《1830年以后的摩洛哥历史》，（纽约：纽约大学出版社，2000），373～74。

② C. R. 责尼尔：《1830年以后的摩洛哥历史》，（纽约：纽约大学出版社，2000），348。

具有会员资格，也会光顾夜总会和按摩院。在过去，选择这样的生活在社会上几乎是无法忍受的，但现在政府正在放宽限制。尽管相当比例的人口还是向往大家庭，但受过教育的精英们越来越倾向于更小、更容易管理的家庭规模。

变化中的政治文化

从许多方面来说，最近在地区和全球层面上的社会经济变化也带来了新的政治压力，因此需要在国家政治和国家结构方面做出一些改变。20 世纪 90 年代，国王穆罕默德六世（被普遍认为是自由主义者）继承了他父亲的皇位，此后，该国一直在经历国家机构自由化。事实上，政治上的变化是哈桑二世在 1999 年 7 月去世之前广义自由主义的一部分。在 20 世纪 60 年代、70 年代和 80 年代，他曾多次尝试政治变革，但都在国内招致不满。1997 年，哈桑二世在该国历史上第一次允许众议院选举。循着他父亲的先例，2002 年，国王穆罕默德六世任命了一位总理，德里斯·杰图，负责管理政府的日常事务。尽管如此，杰图还是在君主权力之下。在 2002 年的选举中，有超过 26 个政党角逐选举。这是政府让人民参与政治进程的一项很有前途的努力，但在民主化的道路上，人们更希望看到的是，新一代的人热切期待着民主政府。公民和政治社团的数量猛增，最有力地证明了这种期待。这些社团有：工人民主联盟（CDT）、摩洛哥工人总工会（UGTM）、摩洛哥雇主协会 124
（CGEM）、摩洛哥国家工会（UNMT）和摩洛哥工人联盟（UMT）。这些新生组织可能继续给社会施加压力，最终将在摩洛哥实现全面的民主。正如一位伊斯兰社会专家指出：“极端主义在没有民主的情况下蓬勃发展。”① 在一个国际恐怖主义盛行的时代，民主和人权在遏制摩洛哥社会断层和青年激进主义浪潮中起着至关重要的作用。

① 伦—洛班：《现实中的伊斯兰社会》，7。

第八章　音乐和舞蹈

与亚洲和中东的大多数保守的伊斯兰国家不同，在摩洛 125
哥，音乐（通常伴随着舞蹈）是日常生活的中心，且与它所处的环境密不可分。音乐为文化、历史和审美提供了媒介，同时也是放松和娱乐的源泉。若没有音乐和舞蹈，任何节日或庆典都是不完整的。某些非洲音乐可以被看作是“集体中每个人经历且共有的财产和精神品质。”① 乐团在出生、割礼、婚宴和音乐会等场合为宾客带来欢乐，在葬礼上恰如其分地分散哀悼者的注意力，在宗教仪式中增强其活力。与其他摩洛哥传统一样，音乐和舞蹈反映了柏柏尔元素、阿拉伯元素、犹太元素、非洲元素和欧洲元素的紧密融合。这种多样性体现出本土文化与外国流行文化长久以来的交融。

从广义上讲，专家们发现了两种类型的摩洛哥音乐：用于传统仪式、社区娱乐、宗教或社会活动、休闲活动（比如体

---

① W. 阔拉·阿莫库：“传统非洲音乐的定义：以加纳的伊维为例”，艾琳·杰克孙编辑，载《超越鼓乐》，（韦斯特波特，康涅狄格州：格林伍德出版社，1985），32。

育比赛）等场合的各种柏柏尔本土音乐和表演，以及在摩洛哥北部地区（丹吉尔、得土安、菲斯、梅克内斯、盖尼特拉和拉巴特）流行的古典音乐。摩洛哥音乐的起源可以追溯到安达卢西亚时期，始于公元8世纪初，即阿拉伯世界征服西班牙南部并开始对其实行统治，直到15世纪末阿拉伯被逐出欧洲。[①] 尽管这种二元分类法提供了一个方便的分析框架，但它很难解释摩洛哥音乐的交叉融合和多维特征。这一章着重论述
126 各类音乐和舞蹈的起源、表现形式、结构形式、曲目、表演场合及其在社会文化环境中的样态。

音乐类别

不同类型的音乐及其新近的融合都可借助观众和用途来理解。人们经常会因各种各样的原因唱歌。一个人可以用唱歌来排解无聊或孤独，甚至可以表达爱、喜悦、渴望、期待、希望、悲伤或失落。男男女女在从事各种娱乐、家庭和职业活动时，会用唱歌愉悦自己的孩子、配偶、父母和朋友，或是娱乐自己。愤愤不平的人们可能会用唱歌来哀叹不公正的行为或表达仇恨。一名职业音乐家可以在客户的请求下，作为独奏者或团体表演，为国王、特别来宾或其他参加私人聚会或宴会的人表演。在摩洛哥的市场上，讲故事的人、马戏演员、杂技演员和魔术师都用音乐和舞蹈来吸引观众的注意力。在上述各种情

① 安达卢西亚是阿拉伯语中对西班牙的称呼；所以“安达卢西亚时期”指的是阿拉伯人占领并控制西班牙这片土地的时期。

况下，都可以演奏不同种类的乐器。这些可能包括诸如棍棒、空罐、瓶子、鼓掌等粗糙乐器，也可以是拨弦、吉他、铙钹、钢琴和鼓。

土著柏柏尔文化是各种音乐风格的宝库。柏柏尔民族音乐和舞蹈的历史早在公元7世纪晚期阿拉伯人到来之前就有，现在仍用于社会庆典和仪式。业余音乐家和专业音乐家都会演奏柏柏尔音乐，其形式通常是整个村庄的集体艺术和美学庆典。一些最著名的当代柏柏尔音乐家包括瓦利德·米姆和阿姆利·穆巴拉克，他们的乐队乌斯曼被认为是在不失去其原汁原味的吸引力的基础上让柏柏尔歌曲转型。同样重要的是来自雅尤卡镇的男子音乐家们，他们主打传统音乐，在柏柏尔—阿拉伯人当中引起了极大的兴趣。柏柏尔音乐作为社区成员的标志，允许人们根据特定的行为形式戏剧性地、情绪化地表达他们的情感。柏柏尔人将音乐和舞蹈作为媒介，借助其来表达本土艺术、社会、政治、宗教和思想传统与价值观，这也揭示了非洲观念的融合。

摩洛哥的古典音乐（遍及整个北非地区）起源于安达卢西亚音乐，在塞维利亚、格拉纳达和科尔多巴得到发展。这一遗产通常被认为是由传说中的巴格达原住民哈桑·阿里·本·
纳菲（人们常叫他 Ziriab 或 Zyriab）创作的，他在9世纪逃离 127
了家乡，躲避敌人的恶意阴谋。他的艺术贡献，尽管在安达卢西亚和北非经历了几个世纪的变化，却始终是国际文化元素的熔炉。其歌词要么是古典阿拉伯语，要么是安达卢西亚方言。与这一流派相关的多种歌曲（包括宗教歌曲和世俗歌曲）使用各种各样的乐器演奏，如塔尔（或铃鼓）；或是一种由黏土制成的漏斗状的鼓，叫作达布卡；或是三种弦乐器——小提琴、拉弦提琴和体型稍大的梨形乐器琵琶；还可以用其他现代乐器，如单簧管、班卓琴和钢琴。古典旋律的歌词是用最标准、最学术性的阿拉伯语写成的。未来的音乐家们在马拉喀什和拉巴特的音乐学校接受了大量训练。

多年来，古典作品已经经历了广泛的变化，包括歌词简化——使用日常阿拉伯语，从而形成安达卢西亚语原作的一种亚种。这种进化中的变化在摩洛哥通常被称为格里阿。一些专家认为，格里阿是主流流行文化的一部分，因为它通常涉及日常生活中广泛吸引人的主题，如犯罪、不道德、宗教偏执、贫穷、妇女问题、战争和冒险。[①] 歌曲配有复杂的舞蹈。一般来说，摩洛哥的民间传说都会配有各种各样不同风格的音乐版本，它们能作为一种口头文字的表演形式。这种形式的艺术创作抓住了土著知识体系的一个方面，也被一些宗教的兄弟们改编并用于仪式庆典。

用音乐讲故事

讲故事是柏柏尔人生活中不可分割的一部分。摩洛哥的民间传说繁多，各地不同。每一个社区——无论是游牧的还是定居的——都有丰富的歌剧、戏剧、音乐作品、特定的技能、设备和可供表演的元素。无论是在本土文化（柏柏尔文化）、古

---

① 哈罗德·D. 尼尔森编辑，《摩洛哥：国家研究》，（华盛顿特区：美国大学出版社，1978），140～141。另参见尤金·佛多和威廉·柯蒂斯：《佛多的摩洛哥，1973》，（纽约：大卫·麦凯出版社，1973），110～113。

典文化还是现代流行文化中出现，大量音乐的题材源自历史记载、传说、神话、英雄事迹、历朝历代及统治者编年史以及那些重要的战争，向观众传递着价值观和人们的生活方式。安达卢西亚音乐讲述的是摩洛哥人民的成就或落败，而柏柏尔音乐用手鼓和芦苇笛来传达动荡中的和谐与宁静之生活的故事。[1]作为土著柏柏尔文化的一种形式，音乐被一小群流动的专业演艺人员保存下来，他们在市场上、在婚礼上、在出生仪式上、在割礼仪式上和各种有金钱回报的场合表演他们的歌曲、故事和诗歌。

摩洛哥南部的阿甘音乐是一种很受欢迎的民间音乐，它颂 128
扬人民的文化，并提醒年轻一代勿忘他们的本土价值观。在当地称为“阿甘”的“阿根”树的种子可以食用，而黑油则是为了药用而提取的。它生长在西南地区的索维拉和阿加迪尔镇周围。对于苏西（或苏斯）、塔马纳尔、伊木泽和伊内嘎尼的当地人来说，这种树象征着忍耐和在充满挑战的沙漠环境中生存的意志，代表着柏柏尔人生活的艰难一面，因此它占据了民间传说和人们日常社会生活的中心部分。在其他方面，阿甘表演者歌颂他们的文化传统、周边环境中普遍存在的问题以及外来因素对社会秩序的影响。虽然这一传统可以追溯到很久以前，但民间传说不断地用流行的观念丰富自身，他们还根据国家、社区或个人层面的最新事件谱写或改编新歌。

另一种讲故事的音乐类型是卡西达，它是一种以叙事诗形式存在、用当地语言保存的史诗。这类音乐用于特别重大事

---

① 佛多和柯蒂斯：《佛多的摩洛哥，1973》，111～112。

件，如国家面临的欢乐或不幸，或名人的成就。卡西达与流行的 18 和 19 世纪慢而多愁善感的英国歌谣相似。①

战争音乐和舞蹈

柏柏尔人以英勇善战而闻名，传统的摩洛哥音乐和舞蹈中就有一些最初在战争时期表演的流派。比如亚希多尼、吉雅塔和塔斯基诺舞蹈。随着现代国家在非洲的出现，这些战争歌曲和舞蹈只是作为文化遗迹而存在。参与表演的人中有受过教育，也有没有受过教育的；有宗教人士，也有非宗教人士；有农村的，也有城市的，等等。在一些社区，男性和女性都参与其中；而在另一些国家，战争舞蹈只针对男性。传统上，这些人跳舞时佩戴或携带着战争装备，如剑、刀、步枪、箭、磨尖的棍子和护身符。在这些舞蹈类型中，亚希多尼舞是最著名的。舞者们围成一圈，站得很近，当他们唱歌的时候，他们会有节奏地拍拍手，以激烈和好斗的方式跺脚。

同样，吉雅塔战争舞蹈为士兵们鼓舞士气、准备应战，也是一种庆祝胜利方式。在跳舞的过程中，战士们手持步枪，随着笛子和鼓声的节拍移动他们的身体。表演者是在喊叫，而不是在唱歌。他们把步枪放在头上，模仿士兵在实战中的动作，
129 然后假装向敌人射击。表演者们围成一圈跳舞，他们把步枪瞄准地面，长官号令一到，便放空枪射击。在高阿特拉斯地区的“哈哈”人用有一个带七孔的简易芦笛伴奏，它的旋律是由拍手和跺脚发出的，产生一种压倒性的效果。男演员们以一种咄

① 佛多和柯蒂斯：《佛多的摩洛哥，1973》，112。

咄逼人的方式跳舞，表现出男性的勇猛。

塔斯基诺舞蹈是另一种专属于男人的传统战士舞。身穿白色长袍和头巾，肩上扛着火药，舞者们和着兽皮鼓的节拍跳舞。他们气势汹汹地突然跺脚，全然一副训练有素的样子。尽管塔斯基诺舞蹈更像是一种体育活动，而不是艺术表演，但它的美学价值仍然存在。

另一种传统的战争舞蹈涉及杂技表演，起初源自西迪·艾哈迈德·欧穆萨（塔泽罗阿特地区的圣贤，来自背阿特拉斯山区）的兄弟会，他在马拉咯什附近的阿米兹米兹村建立了一个杂技训练中心。最初，该地区的年轻人做这些训练，以便成为神枪手和弓箭手。随着非洲现代民族国家的出现，传统的战争逐渐减少，而塔泽罗阿特地区的年轻杂技演员则将这种传统舞蹈的技巧变成了赚钱的马戏。一些舞者已经把他们的才华带到海外，为欧洲和美国的观众带去欢乐。在这波“流散”中，传统的优雅服饰和色彩丰富的刺绣在很大程度上得到了保留。

宗教和仪式音乐

虽然有些类型的柏柏尔和安达卢西亚音乐最初是为宗教崇拜和宗教仪式而创作的，但它们也可以在世俗活动中演奏。像大多数灵歌一样，摩洛哥的圣歌通常旋律柔和。曼陀林和小提琴是这类音乐中常用的乐器。唱歌和拍手通常伴随着这些乐器。在这一类型的音乐也包括塞法迪犹太人大流散的音乐。在摩洛哥，尽管塞法迪犹太人的主题和娱乐歌曲亦是流行文化的一部分，但在北非的犹太社区里，宗教曲调是宗教和文化庆典的重要组成部分。

自伊斯兰教抵达马格里布并传播以来，最初的柏柏尔圣歌已经被融合和改变，尽管有些仍然没有被（正统的）伊斯兰教接受和修改。例如，摩洛哥南部地区的古德拉舞起源于伊斯
130 兰教前的柏柏尔宗教习俗。古德拉人属于所谓的蓝人——古里明地区（撒哈拉沙漠从毛里塔尼亚到北部边缘一直延伸到阿尔及利亚和埃及的地区）的图阿雷格人。[1] 古德拉实际上是当地的一种陶瓷锅，可以很容易地当成鼓来使用，产生一种特殊的声音。由于他们普遍相信精灵存在，柏柏尔女人的表演者穿着一身黑色的服装，只露出他们的头部，以防止他们受到攻击。当他们跪下来的时候，舞者们开始了一种稳定的节奏，这种节奏让人联想到文化、戏剧和美学。当舞蹈演员用当地方言演唱时，观众们会以交替的狂喜和短暂的喉音回应。结束表演时，舞者们把面纱抛到一边，然后戏剧性地倒在地上。

在背阿特拉斯地区的阿加迪尔南部小镇梯星，男人和女人统一穿着英迪哥，表演一种名为梯星的舞蹈，其起源可以追溯到一种土著宗教仪式。在订婚仪式中，匕首的使用象征着毅力、追求和胜利。订婚仪式需要潜在的求婚者和适婚年龄的年轻女性见面并围在一个圈里。当地村民和非专业人士拍手、吟诵，男女们和着他们快节奏起舞，并和朋友和熟人一起唱歌。参与者，包括他们的监护者、看护人和父母，坐在一个圆圈

① 图阿雷格人被称为“蓝人”，因为他们用蓝靛涂染织物。他们认为蓝色越深，则衣物越美，相应地穿着该衣服的人的地位也越高，因为颜色越深所需投入的涂料成本越高。

里，在中间腾出一个舞蹈空间。一个接一个，一个女孩离开圆圈去跳舞。不久，一名求婚者向她求婚，他用一根绳子将匕首拴在腰上，和她一起跳舞。这把匕首代表了保护，并表明了为妇女承担配偶责任的意图。这个年轻人旋转着，绕着女孩转了一圈，然后又走近了，直到他们面对着对方。当潜在的新娘允许她的求婚者在她的头上戴上带子的时候，就算是官方的订婚仪式了。这名男子故意放慢动作，跪在他未来的配偶面前。尽管伊斯兰保守派为废除这一习俗而进行了斗争，但这种习俗仍然存在。梯星舞蹈是一种原始的柏柏尔民间舞蹈，由文化部支持将其列入一年一度的马拉喀什民间节日。这种官方的支持让图阿雷格人期待至少在不久的将来他们还能保留他们所珍爱的风俗。

音乐协会

某些类型的音乐是由工匠公会专门制作的。其中包括马伦
和德卡歌曲。马伦主要出现在诗歌中，通常代表了城市工人阶 131
级和手工艺工匠，而德卡音乐是来自马拉喀什的工匠和商人的专属。艺人不是专业的音乐家。这些仪器是不同大小的陶器鼓。仪式以简单而庄重的节奏开始，然后拍手的节奏加快了。打击乐是精心策划的，男人们的合唱很有力。节奏时不时地改变，时而以一种精心排练的方式，在狂喜和兴奋的爆发中表现出一种反应。

音乐游戏

在摩洛哥还有他形式的音乐和舞蹈，用来招待参加传统比

赛和体育比赛的参赛者。这在传统的民间音乐中占据了应有的地位，吸引了来自四面八方的游客。其中有人们熟知的梅克内斯赛马节（或幻想曲）。这个令人兴奋的马术表演的亮点之一是音乐和舞蹈环节，它把节日闭幕式推向高潮。参加表演的人们穿着丰富多彩的服装，演奏的音乐风格反映了人们的丰富传统。

音乐娱乐和消遣

尽管各种形式的音乐和舞蹈都是用来娱乐观众的，但民间音乐家和舞蹈演员都有一套专门用来娱乐和放松的传统做法。一个很好的例子就是在每年 6 月的马拉喀什民间艺术节上，阿瓦什舞蹈已经成为一个主要的亮点。来自瓦尔扎扎特地区的高阿特拉斯山谷的技艺超群的舞者穿着闪闪发光的服装。在大多数摩洛哥舞蹈中，妇女围成一个圆圈，男人们围坐在中心的火炉旁，每个人都举着一个圆形的木制手鼓。表演以一种尖锐的叫声开始，紧接着是鼓声。随着节奏的加快，女性们会选择合唱，慢慢地移动她们的身体，相互触碰肩膀，随后越来越快，直到合唱结束。

乌艾是另一种流行的娱乐和消遣方式。它可被描述为用英国芭蕾舞和阿拉伯文化对本土歌词进行改编。使用的乐器是一种单弦的小提琴（雷贝琴或雷巴苏）和许多小曼陀罗，有时用龟壳制成三弦提琴。乐器演奏家在地面上敲打着一块铸铁，发出指挥的节奏。舞者们在他们的手指上戴上了小铜钹。所有
132 的舞者都穿着都市服装，包括传统的长袍，刺绣的丝绸腰带，还有一根用珠子编织在头上的绳子。表演者们以优雅的步伐创

造出一种不同寻常的优雅奇观。

高阿特拉斯地区的戈纳瓦（写作）的音乐和舞蹈是非洲黑人和阿拉伯人的传统。这是一种典型的迷幻音乐，苏菲派兄弟会成员用其来获得神秘的狂喜。这类的成员包括音乐家、鼓手、看起来迷人的女人、媒体和其他一些人，自称是来自埃塞俄比亚的前奴隶希迪·比拉尔（他是一个非常受人尊敬的祈祷者），他们很久以前在马拉喀什和其他南部地区建立了自己的基地。16 世纪来到北非的西非奴隶将这一流派带到摩洛哥；因此，歌词有塞内加尔、几内亚和马里传统元素。戈纳瓦音乐的常用乐器包括：源自非洲的长颈琵琶（叫做 gimbri）、双铁钹、用弯曲的棍子演奏的一个双头圆柱形鼓（tbel 或 ganga）。兄弟会成员遵守一种夜间的仪式，在此期间，舞者会跳一种被称为德尔德巴的迷恋和恍惚的舞蹈。音乐家陪伴着他的剧团，而女性通常带领唱圣歌，用来祈求圣人和超自然的存在。仪式过程中使用的打击乐器是一个专门带有低音域和响板的琵琶鼓。鼓只在迷恋仪式前的开始阶段使用。这个夜间进行的仪式还包括一个旨在娱乐成员的非宗教仪式。今天，马拉喀什的杰玛·艾尔福纳（或 Djema El-Fna）的表演者已经将戈纳瓦音乐转化为一种流行的娱乐形式。该组织保留了传统的大鼓和铁制的响板以及修饰表演者的贝壳和玻璃珠。这些文化象征提醒着人们舞蹈的历史渊源。戈纳瓦的表演者们舞姿灵活，他们和着节拍进行危险的杂技表演。

阿希杜是最著名的中阿特拉斯地区的艺术之一，是由奥梅斯和肯尼夫拉地区装饰华丽的舞者表演的。男男女女围成一个大圆，并随着当地铃鼓的节奏起舞。与戈纳瓦地区大胆的小杂技演员不同，阿希杜的舞蹈演员舞姿充满简单的谦逊和优雅，歌曲也富有诗意。女人们穿着白色条纹的蓝色斗篷。已婚妇女和寡妇可能在她们的头发上戴一种叫作阿齐杜德的海娜。他们精美服装上满是用黄色琥珀珠子和银饰做成的大型装饰物。男人们穿着传统的长衣，戴着头巾。阿希杜音乐会令人着迷，而庄重的姿态也被视为这个群体的标志。

133 伊内嘎尼地区的乌阿拉舞者是由当地男女组成的舞蹈团，它是摩洛哥最奇异的民族舞蹈代表之一。在仪式的准备过程中充满着浓烈的既神圣又世俗的意味，舞蹈演员和歌手们围成一个圆圈，男男女女站得很近。铃鼓敲打节奏，表演者欢快地唱着灵歌和圣歌。男人们独自离开圈子，或成对跳舞。当音乐的节奏达到一定的速度时，女人就冲到中心去和男人一起跳舞。该舞蹈需要大量肢体动作和复杂的步伐。

“施哈特”是女性歌唱团，他们的表演已经成为摩洛哥大多数节日庆典和私人聚会的重要组成部分。她们在婚礼庆典、指甲花派对、生育庆典和割礼庆典活动中愉悦客人。一个剧团通常由三四个女人组成，而只有几个男演员扮演配角。男人们演奏各式各样的小鼓（达布卡，塔里亚，本迪尔），女人们则唱歌、跳舞，有时还会在一个倒置的金属脸盆上用脚击鼓。剧团的男性成员通常不超过 3 人，他们负责演奏重型乐器，比如小提琴、鼓和一种三弦的小乐器，在当地被称为洛塔尔。在一个女人通常被认为必须谦卑的社会里，大多数穆斯林认为施哈特是一种有伤风化的娱乐形式，因为舞者们的动作有点下流。一项有关摩洛哥施哈特的详细研究表明，虽然施哈特女演员被广泛视为偏离了一个理想女人的路线，但她们仍然代表着所谓的“让人尊敬的女人的内心想法，只要她们得到许可，表演出大部分摩洛哥妇女的私人欲望和失望。”[①] 表演者不仅要在公开庆祝活动中展现女性的私生活，还要以粗俗的方式表演。这种形式的表演在一个男性权力至高无上的社会中是一种挑衅行为。“表达性是……一种反抗的行为。”[②]

流行音乐

流行音乐，或称“沙阿比”（阿拉伯语中表示“流行”），传统上是在摩洛哥集市上表演的，有多种形式。它吸收了当地、非洲、阿拉伯和西方风格的许多方面，而交流的语言主要是当地民众广泛使用的阿拉伯口语或摩洛哥阿拉伯语。流行音乐的现代形式是随着纳斯·艾尔·吉瓦尼、吉尔·吉拉拉、兰·哈赫和奴由·瓦扎作为新一代音乐明星而出现的。最成功的 134
新兴艺术家之一是瓦扎，他是一位才华横溢的歌手和吉他手，他为一个叫作兰·哈赫的乐队演奏。在20世纪70年代和80年代，他创作了最吸引人的北非流行音乐的歌词。大多数流行歌曲都有一个纯演奏部分，让观众可以一起唱歌和鼓掌。音乐是用各种乐器制作的，从本土的琵琶和鼓到现代的乐器，如钢琴和电吉他。而兰·哈赫和艾尔吉瓦尼把自己放到了政府的对立面，因为他们的歌曲具有激烈的政治性质。而纳雅·阿塔布

---

① 德博拉·A. 卡普尚：“摩洛哥女演员定义社会团体”，载《美国民俗杂志》第107期，第423号（1994年冬天），89。

② 里拉·阿布—洛霍德：《含蓄的情感：贝都因社会中的荣誉与诗歌》，（柏克莱：加州大学出版社，1986），157。

依靠她的专辑《乡村女孩和城市女性》登顶明星宝座。她巧妙地评论社会中家庭价值观遭到侵蚀、宗教虚伪等现象，为她集聚了越来越多的人气。

在当代北非音乐风格中，莱伊音乐起源于阿尔及利亚西部，但在摩洛哥广受欢迎。它可以被最好地描述为当地风格和阿拉伯风格、非洲风格和欧洲风格的混合体。这种折中主义在穆斯塔法·卢姆加里的音乐中最能有所耳闻。穆斯塔法在荷兰生活了10多年，他的首张专辑《新阿姆斯特丹》一炮走红，出现在私人派对、社交活动以及国家广播电台。他随后的专辑《地中海》是献给全世界儿童的作品，进一步捕捉了莱伊音乐中多元文化歌词的复杂组合。

其他外来音乐和融合音乐

尽管西方音乐逐渐通过外国广播电台和卫星电视进入，年轻人光顾着西方人和当地企业家所拥有的俱乐部，但主流的西方音乐，如说唱和嘻哈音乐，在这个伊斯兰国家还没有获得广泛的观众。然而，来自世界各地的其他音乐在摩洛哥广受喜爱。在一年一度的菲斯国际世界神圣音乐节上，有各种各样的神圣音乐。这个节日吸引了来自欧洲、美国、非洲、中东和亚洲其他地区的顶级神圣音乐艺术家们，来摩洛哥参加为期一周的展览和音乐会。印度教的圣歌、基督教的福音歌曲、土耳其和乌兹别克斯坦的苏菲派以及凯尔特的圣歌是节日里最受欢迎的表演。这些外国的灵歌与柏柏尔迷幻音乐和阿拉伯—阿达卢斯以及塞法迪的灵歌结合在一起，形成一个迷人的艺术和文化传统融合体。这种音乐庆典在摩洛哥的统治精英中也很受欢迎。

在摩洛哥，外国音乐还有爵士乐和埃及音乐，尽管爵士乐 135
不受欢迎。爵士乐和埃及音乐起源于非洲，而且它们已经成为逐渐受到人们青睐的外国音乐的代表。虽然爵士乐吸引了中等规模的观众，但埃及音乐吸引了更多观众，可以被认为是在阿拉伯—柏柏尔北非社会环境中发现的多样流行音乐的一部分。

词汇表

aith. 柏柏尔语中“……的儿子”。

alem.（单数形式是 oulem 或 alim）中东地区史前时代虔诚的学者。

al-haja. 对去麦加朝圣过的穆斯林女子的称呼。

al-haji. 对去麦加朝圣过的穆斯林男子的称呼。

Allah. 唯一真神。

Amaziah（或 imazighan）. 字面意思是“自由人”；北非的柏柏尔人曾用该词称呼自己。

baraka. 显示出具有神（安拉）给予的厚爱、圣洁或特别祝福等迹象，摩洛哥圣人的特质。

Barbarus. 古罗马人用来指代北非原住民的称呼。

ben（或 bin）. 阿拉伯语“……的儿子”。

besiff. 阿拉伯语“剑”。

bidouville. 通常指由穷苦的移民在城市中建立的贫民窟或破败的街区。

bled-el-makhzen. 在苏丹控制下的摩洛哥地区。

bled-el-siba. 不完全在苏丹控制下的摩洛哥地区。

Blue Men. 柏柏尔图阿雷格人的俗称，因为他们时常穿着夸张的蓝色长袍，还有用蓝靛涂抹身体的传统。

burnoose. 原来男人穿着的羊毛披风。

caliph. 原指先知穆罕默德的继承人，现在指统治穆斯林国家的统治者。

Casbah. 宫殿或堡垒。

chaabi. 阿拉伯语“人民”。

colon. 在摩洛哥的法国殖民定居者。

dayyanim. 摩洛哥犹太拉比法官。

dfoua. 阿拉伯语“嫁妆或聘礼”。

dhimmis. 字面意思是“受到保护的人”；通常指穆斯林占主流的社会中的非穆斯林群体，特别是基督徒和犹太人。

dirham（DH）. 摩洛哥货币单位；按 2005 年 5 月 7 日的汇率，1 美元 =8.67320DH。

djellaba（或 zellaba）. 男人穿着的短款、宽袖子羊毛风衣。

djinn（或 jinn）. 不可见的神灵，兼指善意的和恶意的。据说世间到处都有。

guembri. 小的曼陀铃，有 3 根弦，有时用龟壳制成。有些是在雕刻的木头上覆上动物皮，像鼓一样。

hakawati. 阿拉伯语中指代巡回演出的演员或艺人，包括讲故事的艺人、杂技艺人、魔术师、舞蛇人、舞者和传道者。

Hegira（hejra）. 公元 622 年，先知穆罕默德得知当地统治者欲杀他，便从麦加迁徙到了麦地那。

henna. 海娜植物中提取的棕色偏红的染料；主要被柏柏尔人用来涂染身体，特别是在婚庆或其他庆典活动中。

iblis. 撒旦，或恶神灵之首，或魔鬼。

ihram. 无缝白衣，通常是男性朝圣者在圣城麦加所穿，但其他人也可在所有伊斯兰国家穿着。

Imam. 通常指带领祈祷之人或精神领袖。

imdyazn. 柏柏尔语，指专业音乐家。

Istiqlal. 独立。

jihad. 保卫伊斯兰的斗争和努力；在暴力语境中，该词指代圣战，参加圣战的战士被称作 mujahids。

Ka'aba. 麦加大清真寺院内白色石头建筑，其托住天使加百利给亚伯拉罕的黑色石头。在伊斯兰世界表示“万圣之首”，是一年一度的朝圣仪式的核心。

kemanjah. 小提琴。

ksar. 堡垒（Casbah）中加固、设防的部分，北非和西班牙遭遇穆斯林入侵时供当地居民寻求庇护的场所。然而在撒哈拉和阿特拉斯山区，该词通常表示加固和有围墙的村庄。

madrassa. 伊斯兰学校或学院，通常附属于清真寺。

Maghreb. 阿拉伯语“最西端”之意。现在指代被摩洛哥、阿尔及利亚和突尼斯占领的地区。

mahr. 阿拉伯语“嫁妆”。

Marabout. 伊斯兰圣人，通常指遵从苏菲派教规者，在基层传道之人。

masjid. 阿拉伯语“清真寺”，穆斯林公共礼拜场所。

mdemma. 高级皮革制成的腰带，用锻纹条和金刺绣固定。

medina. 阿拉伯语“城镇”，指摩洛哥城镇中原先的阿拉伯社区。

mellah（或 mallah）. 摩洛哥城镇中老式犹太居民区。

Moores. “摩洛哥”一词源于 Moores。

mousseums. 阿拉伯语“节日”，特别是纪念圣人的各种宗教和世俗节日。

objetsd'envoi. 法语，指可以用来代表原产国高贵形象的贵重物品。

oudh（或 oud，阿拉伯语 qsbah）. 传统鲁特琴。

qadi. 穆斯林法官或正义行政官。

qaid. 地区长官或管理者。

qaraqab. 钹。

Quarish（或 Quraysh）. 先知穆罕默德的亲属，麦加家族成员。

Quran. 穆罕默德受到启示后留下的伊斯兰经典。

rai. 北非流行音乐的一种，恰当地说是当地音乐和阿拉伯、非洲和欧洲风格音乐的混搭。

Ramadan. 伊斯兰历第九月，其间穆斯林遵守 30 天的斋戒，这是伊斯兰教五大支柱之一。

rebab（或 rbabsoussi）．单弦小提琴。

ribat. 公约或条约。

salaam. “和平”，也是穆斯林日常打招呼常用语。

salat. 祈祷人按规定一天五次礼拜，伊斯兰教五大支柱之一。

sawn. 斋戒，伊斯兰教五大支柱之一，通常和斋月有关。

Sephardi.（复数为 Sephardim）现代摩洛哥犹太人的祖先，来自西班牙。

shahadah. 伊斯兰教五大支柱之一，即念诵启示，或“见证”，坚信“万物非主，唯有真主，穆罕默德是真主的使者”。

sharia. 伊斯兰教民法和刑法典，源自《古兰经》和先知穆罕默德的教导和身体力行。

sharif（复数 shurfa）．圣人血缘后代，指先知穆罕默德的后人。

Shiites. 伊斯兰教中的一个派别，认为先知穆罕默德的女婿阿里是先知的继承人。

shor（或 s'hur）．阿拉伯语“巫术”。

souk. 城镇里的市场，通常指专营某种商品的市场。

Sufi. 伊斯兰神秘主义派别。特别是信徒可以摆脱物质追求，与真主直接进行精神相遇。

Sunna. 穆罕默德的传统和习俗，地位上仅次于《古兰经》。

Sunni. 坚守安拉先知传统的人。

sura.《古兰经》中的章。

taarija. 手鼓。

ulema. 受过教育的伊斯兰人群体。

umma. 信徒群体。

vizier. 伊斯兰国家的高级行政官员，通常指省级领导人。

waqf. 以奉献形式献给上帝的特殊慈善礼物。

zakat（或 sadaqa）．伊斯兰教五大支柱之一，即给贫穷或有需要的穆斯林行善。

zelliges. 泽里格马赛克，瓷砖。

参考书目

本书中讨论的各种主题参考了许多书籍、文章和专著。有些书是在摩洛哥出版的，有些则是在国外发行的。这些文本中的大部分都以英语出版。然而，其他相当一部分材料都是法语和阿拉伯语的，因此英语读者并不总是能读懂。这里我仅仅列出了一些最重要的二手资料。

总论

参考了部分有关中东和非洲文化与习俗的文献，特别是：

哈维·E·古德伯格编辑，《塞法迪犹太人和中东犹太人：历史与现代文化》（布鲁明顿：印第安纳大学出版社，1996）；I·威廉·扎特曼编辑，《当代马格里布地区的人、国家和社会》（纽约：普雷格出版社，1973）；卡洛林·福伦—洛班：《现实中的伊斯兰社会》，第2版（盖恩斯维尔：佛罗里达大学出版社，2004）；马苏度·阿兰·周度里：《世界范围内的伊斯兰：社会—科学视角》（纽约：基冈保罗出版社，2000）；克劳迪亚·罗登：《中东食物手册》（纽约：挪波夫出版社，1972）；瓦雷里·K·奥兰多：《窒息的心、摧残的魂：从非洲和加勒比地区讲法文的妇女作品的疯狂中寻找公民性》（兰韩，马里兰州：莱克星顿书局，2003）；C. R. 贲尼尔：《1830年以后的摩洛哥历史》（纽约：纽约大学出版社，2000）；拉菲克·布斯塔尼和菲利普·法尔盖：《阿拉伯世界地缘政治和社会地图集》（纽约：档案资料出版社，1991）；马文·希斯凯特：《伊斯兰在非洲的进程》（爱丁堡：爱丁堡大学出版社，1994）；麦克·布赖特编辑，《北非：伊斯兰和现代化》（伦敦：弗兰克·卡斯出版社，1973）；斯戴芬妮·伯纳德：《法国—摩洛哥冲突》（纽黑文，康涅狄格州，耶鲁大学出版社，1968）；厄涅斯特·吉尔纳和查尔斯·米考编辑，《阿拉伯人和柏柏尔人：从部落到国家的北非》（莱克星顿，马萨诸塞州：莱克星顿书局，1972）；威廉·A·霍星顿（小）：《利奥太及法国征服摩洛哥》（纽约：圣马丁出版社，1995）。

概论

有关摩洛哥历史和其他信息，请见：

达勒：《摩洛哥伊斯兰：朝圣中心的传统和社会》（奥斯汀：德克萨斯大学出版社，1976）；美国大学外交学系（FASD），《区域手册：摩洛哥》（华盛顿特区：美国政府印刷局，1966）；V. C. 斯科特·奥康纳：《摩洛哥的愿景》（加顿城，纽约州：道布尔迪，佩奇公司出版社，1924）；哈罗德·D·尼尔森编辑，《摩洛哥：国家研究》（华盛顿特区：美国大学出版社，1985）；韦恩·艾奇编辑，《全球研究：非洲》，第11卷（迪比克，艾奥瓦州：麦克格劳—希尔出版社，2006）；阿布德萨拉姆·M·马格劳："阿拉伯世界的去政治化？摩洛哥的去政治化”，载《民主学报》第13期，第4卷（2002年10月）：25~32；让—弗朗索瓦和詹姆斯·保罗：“摩洛哥的资产阶级：君主制、国家和有产阶级”，《MERIP中东报告》，第142期（1983年9月~10月）：13~17；克莱门特·埃莉诺·霍夫曼：《夜之星的王国：摩洛哥和摩尔人之地的历史》（费城：奇尔顿图书公司，1965）；皮埃尔·帕伦特：《摩洛哥的真相》，埃莉诺·奈特译（法拉盛，纽约州：摩洛哥资料和档案厅，1953）；C.R.贲尼尔：《摩洛哥：从帝国到独立》（牛津，英国：寰宇出版社，2003）；马克·I·科恩和哈恩·洛纳：《摩洛哥：旧大陆，新国家》（纽约：普雷格出版社，1966）；弗兰克·H·布劳恩：“摩洛哥：剖析失败的宫廷革命”，载《国际中东研究期刊》，第9期（1978）：63~72；乌里艾·丹：《侯赛因国王与阿拉伯激进主义的挑战：约旦，1955~1967》（纽约：牛津大学出版社与特拉维夫大学中东和非洲研究院摩西·达扬研究中心合作出版，1989）；保罗·鲍尔斯：《摩洛哥—撒哈拉至大海》（纽约：阿布维尔出版社，1995）；安内特·索利斯特：《永恒之地——摩洛哥》（纽约：弗莱德曼/费尔法克斯出版社，2000）；大卫·哈特：《伊斯兰教的强盗行为：摩洛哥、阿尔及利亚和巴基斯坦西北边境的案例研究》（维斯贝克，英国：中东和北非研究出版社，1987）；茱莉亚·克兰锡—史密斯编辑，《北非、伊斯兰与地中海世界：从阿尔莫拉维德到阿尔及利亚战争》（波特兰，俄勒冈州：弗兰克·卡斯出版社，2001）。

宗教和世界观

关于本土宗教、伊斯兰教和宇宙观，参考了以下著作：

伊拉·G·寨普（小）：《穆斯林入门：伊斯兰初学者指南》，第2版(费耶特维尔：阿肯色大学出版社，2000)；卡洛林·福伦—洛班：《现实中的伊斯兰社会》，第2版(盖恩斯维尔：佛罗里达大学出版社，2004)；马文·希斯凯特：《伊斯兰在非洲的进程》（爱丁堡：爱丁堡大学出版社，1994)；爱德华·韦斯特马克：《摩洛哥的灵魂信仰》（阿波，芬兰：阿波学院出版社，1920年)；M. W. 希尔顿—辛普森："奥里山的沙维亚柏柏尔人和他们的游牧邻居的一些迷信"，载《民间传说》第26期（1915)：228～234；罗杰·约瑟夫和泰利·布林特·约瑟夫：《玫瑰与刺：摩洛哥的符号结构》(图森：亚利桑那大学出版社，1987)；大卫·蒙特格梅里·哈特：《摩洛哥民族志与历史》（图森：亚利桑那大学出版社，1978)；理查德·F·尼洛普等，《区域手册：摩洛哥》(华盛顿特区：美国政府印刷局，1972)；克利福德·格尔兹：《伊斯兰观察：摩洛哥和印度尼西亚的宗教发展》(纽黑文，康涅狄格州：耶鲁大学出版社，1968)；阿卜杜拉·哈穆迪：《受害者及其面具：马格里布的牺牲与伪装》，保拉·威辛译(芝加哥：芝加哥大学出版社，1993)。

关于摩洛哥的宗教和权力，参考了：

约翰·P·恩特里斯编辑，《北非伊斯兰、民主和国家》(布鲁明顿：印第安纳大学出版社，1997)；拉玛·布尔基亚和苏珊·吉尔森·米勒编辑，《苏丹阴影下的摩洛哥：文化、权力与政治》（剑桥，马萨诸塞州：哈佛大学出版社，1999）；威廉·扎特曼：《摩洛哥：新权贵的问题》（纽约：阿瑟顿出版社，1964）；大卫·罗宾森：《非洲历史上的穆斯林社会》（纽约：剑桥大学出版社，2002）；H·拜伦·伊尔哈特编辑，《世界宗教传统：非洲、中美洲、北美洲、犹太教、基督教、伊斯兰教、印度教、佛教、中国和日本之旅》（旧金山：哈珀出版社，1993）；约翰·鲁迪编辑，《北非的伊斯兰教与世俗主义》，（纽约：圣马丁出版社，1994）。

文学与媒体

瓦雷里·K·奥兰多：《游牧流亡之声：马格里布法语文学中的女性身份》（雅典：俄亥俄大学出版社，1999）；威妮弗蕾德·伍德乎尔：《马格里布的转型：女权主义、去殖民化与文学》（明尼阿波利斯：明尼苏达大学出版社，1993）；安德烈亚斯·弗洛雷斯·哈利勒：《阿拉伯先锋派：在北非文学中的实验》（韦斯特波特，康涅狄格州：普雷格出版社，2003）；穆罕默德·阿布·塔里布："为先知干杯"，理查德S. 哈雷尔、威廉S. 卡罗尔和穆罕默德·阿布—塔里布编辑，载《摩洛哥阿拉伯语基础课程》（华盛顿特区：乔治城大学出版社，2003）；保罗·鲍尔斯：《短篇小说研究》（纽约：艾伦·希巴德出版社，1993）；罗杰·艾伦：《阿拉伯文学遗产：流派与批评的发展》（剑桥：剑桥大学出版社，1998）；阿瑟·帕尔默·哈德森：《民间传说使过去生生不息》（雅典：佐治亚大学出版社，1962）；佐拉·梅兹格尔迪："摩洛哥人写作中的母语与法语"，载《非洲文学研究》第27卷，第3期

(1996年秋)：1～14；海蒂·阿布戴尔—兆德："对儿子们投入太多：母亲与法语—马格里布写作中的不可能的融合"，载《非洲文学研究》第27卷，第3期（1996年秋）：15～33；埃利亚斯·卡内蒂：《马拉喀什之声：一次行纪》，J. A. 安德伍德译(纽约：西伯里出版社，1978)；诺曼 A. 斯蒂尔曼：《摩洛哥塞夫鲁犹太人的语言和文化：一项民族语言学研究》(英国曼彻斯特：曼彻斯特大学出版社，1988)；亨利·芒森(小)：《摩洛哥的宗教与权力》(纽黑文，康涅狄格州：耶鲁大学出版社，1993)；哈罗德·D·尼尔森编辑，《摩洛哥：国家研究》(华盛顿特区：美国大学出版社，1978)；爱德华·韦斯特马克：《摩洛哥的灵魂信仰》(阿波，芬兰：阿波学院出版社，1920年)；爱德华·韦斯特马克：《摩洛哥的仪式与信仰》(伦敦：n. p. 出版社，1926)；爱德华·韦斯特马克：《摩洛哥的才学与智慧：土著谚语研究》(伦敦：劳特利奇出版社，1930)；厄涅斯特·吉尔纳：《地图集里的圣徒》(芝加哥：芝加哥大学出版社，1969)；罗杰·勒·图诺：《马里尼德斯时代的菲斯》，贝斯·阿尔伯塔·克莱门特译(诺曼：俄克拉荷马大学出版社，1961)；罗杰·约瑟夫和泰利·布林特·约瑟夫：《玫瑰与刺：摩洛哥的符号结构》(图森：亚利桑那大学出版社，1987)；萨伊德·哈姆顿和诺埃尔·金：《黑非洲的伊本·巴图塔》(普林斯顿，新泽西州：马尔库斯·文纳出版社，1996)；马赫迪·阿加·侯赛因："巴黎的伊本·巴图塔行记手稿"，载《孟加拉亚洲协会杂志》第20期（1954)：22～32；马赫迪·阿加·侯赛因："伊本·巴图塔其人其事"，载《印度—伊朗研究》第7期（1954)：6～

13；G. H. 布斯盖特：“伊本·巴图塔和穆斯林社团”，《伊斯兰研究》第24期（1966）：81～106；德里斯·哈莱比：《公开继承》（巴黎：德诺埃尔出版社，1962）；德里斯·哈莱比：《简单的过去》（巴黎：德诺埃尔出版社，1954），15；或者德里斯·哈莱比：《简单的过去》，休·A. 哈特译(华盛顿：三大洲出版社，1990)；德里斯·哈莱比：《国情调查》（巴黎：瑟伊出版社，1981）；阿卜杜哈克·瑟哈内：《第一份手稿》（巴黎：瑟伊出版社，1983）；阿卜杜哈克·瑟哈内：《窄街上的孩童》（巴黎，瑟伊出版社，1986）；阿卜杜哈克·瑟哈内：《阴暗处的太阳》（巴黎：瑟伊出版社，1992）；阿卜杜哈克·瑟哈内：《爱在割礼》（巴黎：巴黎—地中海出版社，2001）；穆罕默德·扎沙夫：《女人和玫瑰》（Beirut：Al－Dar－al－Muttahida li al－Nashr，1970）；艾哈迈德·塞福里乌：《奇迹之盒》（巴黎，瑟伊出版社，1954）；艾哈迈德·塞福里乌：《魔咒花园》或者《传说中的香水》（巴黎：拉玛丹出版社，1989）；李亚特·考斯曼：“关于摩洛哥妇女解放的陈述：被动革命?”，詹姆斯·麦克道葛编辑，载《北非的民族、社会与文化》（波特兰，俄勒冈州：弗兰克·卡斯出版社，2003）；莱拉·阿布扎德：《大象之年：摩洛哥妇女追求独立的斗争》（奥斯汀：得克萨斯大学出版社，1990）；莱拉·阿布扎德：《回到童年》（奥斯汀：得克萨斯大学中东研究中心，1999）；莱拉·阿布扎德：《最后一章》（开罗：美国大学出版社，2003）；阿米娜·埃尔·巴库里：《拉扬·亚蒂夫·拉马迪什》（拉巴特：萨伊斯·米迪特出版社，2002）；图拉亚·马都兰：《灰叶集》（拉巴特：摩洛哥作家联盟，1990）；图拉·马都兰：《疲倦者》（欧吉达，摩洛哥：Dar al Jusoor 出版社，2000）；丹尼尔 A. 瓦格纳：《识字、文化与发展：在摩洛哥认字》（剑桥：剑桥大学出版社，1993）；《摩洛哥年度统计数字年鉴》（拉巴特：交通部，1999，2000）；阿布杜马吉德·哈奴姆：《殖民史，后殖民记忆：北非女英雄卡伊娜的传奇》（朴次茅斯，新罕布什尔州：海恩曼出版社，2001）；阿布杜马吉德·哈奴姆："摩洛哥的故事讲述者"，载《地中海人》（1999 年秋）：189～194；萨拉·姆赫利斯："希望被推迟的历史：象年中妇女的身份和后殖民国家：摩洛哥妇女走向独立的旅程"，载《非洲文学研究》第 34 卷，第 3 期（2003 年秋季）：66～78；伊斯马伊·艾尔奥托马尼："'其他'摩洛哥文学初探"，载《非洲文学研究》第 28 卷，第 3 期（1997 年秋季）：110～122。

艺术和建筑/住宅

维乐米娜·史里璞："全球化语境下的语言与视觉：非洲与欧洲关系的持续发展进程"，载《非洲文学研究》第 31 卷，第 4 期（2000）：139～154；伯古米尔·朱西威基：《谢里·桑巴：艺术的杂交》（西蒙特，魁北克：嘉乐丽·阿穆拉德非洲艺术出版社，1995）；理查德·F·尼洛普等：《区域手册：摩洛哥》（华盛顿特区：美国政府印刷局，1972）；E. 冈—卢定：《东方地毯鉴赏家指南》，瓦莱丽·霍华德译（拉特兰，佛蒙特州：查尔斯·E·塔特尔，1971）；克里斯汀·穆伦和萨拉·菲兹编辑，《物为使者：马达加斯加的布料、绘画和外交》（华盛顿特区：史密森学会，国家非洲艺术博物馆与华盛顿大学出版社联合出版，2002）；丹尼尔·J·史洛特和薇薇安·B·曼编辑，《摩洛哥：穆斯林土地上的犹太人与艺术》（伦敦：穆勒尔出版社，2000）；詹姆斯·麦克道葛编辑，《北非的民族、社会与文化》（波特兰，俄勒冈州：弗兰克·卡斯出版社，2003）；卡塔祖纳·匹佩扎克：“银行中的公民与主体：现代艺术与摩洛哥身份的企业愿景”，载《北非研究期刊》第8卷，第1期（2003）：131～154；奴楠迪·艾莱：《非洲的建筑与电力》（韦斯特波特，康涅狄格州：普雷格出版社，2002）；宪·伊莱安：“‘柯萨尔’的消亡：摩洛哥南部住宅样式和环境管理的变迁”，载《今日非洲》第48期，第1期（2001）：21～48；罗杰·约瑟夫和泰利·布林特·约瑟夫：《玫瑰与刺：摩洛哥的符号结构》（图森：亚利桑那大学出版社，1987）；达勒·F·艾可曼：“有伊斯兰城市吗？摩洛哥城镇中建造穆斯林社区”，载《国际中东研究期刊》第5期（1974）：274～294；劳伦斯·罗森：“摩洛哥城市中的穆斯林—犹太关系”，载《国际中东研究期刊》第3期（1972）：435～449；汉斯·塞利哥：《摩洛哥》，G. A. 科洛维尔译（加顿城，纽约州：道布尔迪，1966）；菲利普·普劳坎和穆罕默德—阿勒尔·西纳科尔：《哈桑二世清真寺》（德累斯顿—拉法基，法国：Editions D. Briand 出版社，1993）；阿里艾拉·阿玛尔：“摩洛哥犹太教堂调查”，载《以色列艺术与文学评论》第106期（1999年2月），1～6；丹尼尔·J·史洛特：《苏丹的犹太人：摩洛哥与塞法迪世界》（斯坦福，加州：斯坦福大学出版社，2002）；苏珊·吉尔森·米勒：“灌溉丹吉尔的花园：摩洛哥城市的殖民论争”，苏珊·斯洛莫维克编辑，载《文学、建筑与历史中的阿拉伯城墙城市：马格里布活生生的麦地那》（波特兰，俄勒冈州：弗兰克·卡斯出版社，2001）25 ~50。

饮食与传统服饰

凯瑟琳·汉格：《世界食物：摩洛哥》（维多利亚，澳大利亚：孤独星球出版社，2000）；宝拉·沃尔夫特：《库斯库斯和其他摩洛哥美食》（纽约：哈珀和罗出版社，1973）；梅·艾伦·罗彻—希金斯、乔安妮·艾奇、金·K·P·约翰孙编辑，《服装与身份》（纽约：费尔柴尔德出版社，1995年）；汉娜·古德曼：《世界各地的犹太人烹饪：美食与假日食谱》（费城：美国犹太人协会，1969）；罗杰·约瑟夫和泰利·布林特·约瑟夫：《玫瑰与刺：摩洛哥的符号结构》（图森：亚利桑那大学出版社，1987）；克劳迪亚·罗登：《中东食物手册》（纽约：挪波夫出版社，1972）；C.R. 贲尼尔：《1830 年以后的摩洛哥历史》（纽约：纽约大学出版社，2000）；海伦·门德斯：《非洲传统烹饪手册》（纽约：麦克米伦出版社，1971）；哈罗德·D·尼尔森编辑，《摩洛哥：国家研究》（华盛顿特区：美国大学出版社，1978）；埃德蒙多·德·阿米西斯：《摩洛哥：民族和地理》，玛丽亚·霍诺·兰斯代尔译（费城：亨利·T·科茨出版社，1897）；苏珊·厄斯曼：《卡萨布兰卡印象：现代城市中的权力图景》（柏克莱：加州大学出版社，1994）；苏珊·厄斯曼：《三位美人：卡萨布兰卡、巴黎和开罗》（达勒姆，北卡罗来纳：杜克大学出版社，2002）；丹尼尔·J·史洛特和约瑟夫·切特里特：“19 世纪和20世纪埃索伊拉（莫加多尔）的转型”，哈维·E·古德伯格编辑，《塞法迪中东瑰宝：现代历史与文化》（布鲁明顿：印第安纳大学出版社，1996）；穆妮亚·本纳尼·奇莱比：《苏米斯和莱贝尔：马洛克的春天》（卡萨布兰卡：勒·芬尼克出版社，1994），89～100；亨利·芒森：《摩洛哥的宗教与权力》（纽黑文，康涅狄格州：耶鲁大学出版社，1993）。

性别角色、婚姻和家庭

什拉·K. 韦伯斯特：“摩洛哥谚语中的妇女、性与婚姻”，载《国际中东研究期刊》第14期（1982）：173～184；罗杰·约瑟夫和泰利·布林特·约瑟夫：《玫瑰与刺：摩洛哥的符号结构》（图森：亚利桑那大学出版社，1987）；厄涅斯特·吉尔纳：《地图集里的圣徒》（伦敦：韦登菲尔德和尼克尔森，1969）；大卫·M·哈特：“现代摩洛哥的部落：两个案例研究”，厄涅斯特·吉尔纳和查尔斯·米考编辑，载《阿拉伯人和柏柏尔人：从部落到国家的北非》（伦敦：度克沃斯出版社，1972）；哈罗德·D·尼尔森编辑，《摩洛哥：国家研究》（华盛顿特区：美国大学出版社，1978）；卡洛林·福伦—洛班：《现实中的伊斯兰社会》，第2版（盖恩斯维尔：佛罗里达大学出版社，2004）；凡妮莎·马赫：《摩洛哥的妇女及其财产》（剑桥：剑桥大学出版社，1974）；罗伯特·艾尔巴斯：“走向摩洛哥犹太生活世界的全面社会文化理论：摩洛哥的犹太传统婚姻”，载《国际法语研究期刊》第7卷，第2期（2004年6月）：95～101；M.E. 贡泊—史玲：《神圣的表演：伊斯兰、性与牺牲》（纽约：哥伦比亚大学出版社，

1989)；道格拉斯·A·戴维斯与苏珊·谢弗·戴维斯："摩洛哥城镇的性价值观"，W.J. 隆纳与 R.S. 马尔帕斯编辑，载《心理与文化》（尼达姆高地，马萨诸塞州：阿林和贝根出版社，1993)；拉结·西蒙："在家庭和外部世界之间：现代中东和北非的犹太女孩"，载《犹太社会研究》第 7 卷，第 1 期 (2000)：81 ~ 108；阿迈勒·拉萨姆："摩洛哥的妇女与家庭权力"，载《国际中东研究杂志》第 12 期（1980)：171 ~ 183；希拉里·马约尔："成千上万的妇女为了家庭的'荣誉'而被杀害"，载《国家地理新闻》，2002 年 2 月 12 日，1 ~ 2；国际粮食和农业发展组织，《农村家庭的生存、变化和决策：东摩洛哥三个村庄的个案研究》（罗马：农发基金，1997)；法蒂玛·默尼斯：《每日战斗：对摩洛哥女性的采访》，玛丽·乔·莱克兰译(新不伦瑞克，新泽西州：罗格斯大学出版社，1989)；法蒂玛·阿格婥：《摩洛哥的性别、文化与权力》（纽约：路特利奇出版社，2004)；艾尔提甘尼·E·艾尔提甘尼："家庭组成模式在埃及与摩洛哥的变迁：比较分析"，载《国际家庭规划展望》第 26 卷，第 2 期（2003 年 6 月)：73 ~ 78；贾米拉·巴加奇：《伊斯兰孤儿：摩洛哥的家庭、遗弃和秘密收养》（拉罕，马里兰州：罗曼和利特尔菲尔德出版社，2002)。

社会习俗与生活方式

罗杰·约瑟夫（小)：《仪式与亲属：摩洛哥财富的社会使用研究》（安娜堡，密州：国际微电影出版社，1979)；卡洛林·福伦—洛班：《现实中的伊斯兰社会》，第 2 版(盖恩斯维尔：佛罗里达大学出版社，2004)；达勒·F·艾可曼：《摩洛哥伊斯兰：朝圣中心的传统和社会》（奥斯汀：德克萨斯大学出版社，1976)；E. W. 波维尔：《摩尔人的金色贸易》（牛津：牛津大学出版社，1968)；哈马迪·古洛姆："摩洛哥电影史"，节选自2002年11月在法国南特举行的第24届三大洲电影节资料；凯文·德怀尔：《超越卡萨布兰卡：塔齐、摩洛哥电影与第三世界电影制作》（布鲁明顿：印第安纳大学出版社，2004)；丹尼尔 A. 瓦格纳：《识字、文化与发展：在摩洛哥认字》（剑桥：剑桥大学出版社，1993)；1998；C. R. 责尼尔：《1830年以后的摩洛哥历史》（纽约：纽约大学出版社，2000)。

音乐和舞蹈

为使非洲传统音乐的介绍富余趣味，我主要参考了：

W. 阔拉·阿莫库："传统非洲音乐的定义：以加纳的伊维为例"，艾琳·杰克逊编辑，载《超越鼓乐》（韦斯特波特，康涅狄格州：格林伍德出版社，1985)；瓦雷里·K·奥兰多："大熔炉中的说唱到莱伊：法国城市里的嘻哈文化与郊区电影"，载《流行文化期刊》第36卷，第3期（2003年冬季)：395 ~ 415。有关摩洛哥音乐的具体研究，请参阅保罗·鲍尔斯的摩洛哥音乐合集 AFC 1960/001，米雪尔·福纳作曲(华盛顿特区：美国国会图书馆，1994)；约瑟夫·帕乔茨克："泛伊斯兰传统：菲利普·舒勒的摩洛哥音乐"，《民族音乐学》第19卷，第1期（1973年1月)，154 ~ 55；哈罗德·D·尼尔森编辑，《摩洛哥：国家研究》（华盛顿特区：美国大学出版社，1978）；尤金·佛多和威廉·柯蒂斯：《佛多的摩洛哥，1973》（纽约：大卫·麦凯出版社，1973）；德博拉·A·卡普尚："摩洛哥女演员定义社会团体"，载《美国民俗杂志》第107期，第423号（1994年冬天）：82～105；德博拉·A·卡普尚：《市场上的性别：摩洛哥贝尼梅勒传统的再现》（费城：宾夕法尼亚大学出版社，1996）；里拉·阿布—洛霍德：《含蓄的情感：贝都因社会中的荣誉与诗歌》（柏克莱：加州大学出版社，1986）；阿卜德卡比尔·哈提比：《塔图伊备忘录》（巴黎：德诺埃尔出版社，1971）；伯纳德·洛塔特—雅各布：《高阿特拉斯地区的音乐和节日》（巴黎：木顿出版社，1980）；大卫·普雷斯科特·巴罗斯：《柏柏尔人和黑人：对摩洛哥、廷巴克图和西苏丹的印象》（韦斯特波特，康涅狄格州：倪格罗大学出版社，1987）。

索　引

（索引所标页码为原书页码，见正文页边。）

有关作者

拉斐尔·史杰克是肯塔基州路易斯维尔大学非洲史副教授，同时也在印第安纳大学东南分校兼职。